教育と福祉の展望

伊藤 良高 監修

森本 誠司

竹下　徹 編

永野 典詞

晃 洋 書 房

はしがき

　近年、教育・福祉を取り巻く環境は大きく変化してきている。2020年には新しい学習指導要領が適用され、「社会に開かれた教育課程」が重要視されている。特に主体的・対話的で深い学びである「アクティブ・ラーニング」や児童や学校、地域の実態を適切に把握し組織的かつ計画的な教育活動である「カリキュラム・マネジメント」が実施されることになった。

　また、保育・幼児教育においても2022年6月に成立した改正児童福祉法では、「子育て世帯に対する包括的な支援のための体制強化等を行う」ことを改正の趣旨とし、児童福祉と母子保健の一体的支援（連携・協力）が示された。さらに、2023年4月に「こども家庭庁」が創設され子どもに関する政策を進める原動力となるだろう。

　そこで、いままさに激動の真っ只中にある、保育・教育、ソーシャルワーク、特別支援などについて全国の第一線で活躍している研究者がオリジナリティ溢れる研究を惜しみなく提供している。また、保育・幼児教育から初等教育、養護、特別支援教育と切れ目のない教育・支援の重要性を網羅していることも特徴の一つである。

　なお、本書は、2024年10月10日に、伊藤良高教授（熊本学園大学社会福祉学部教授、熊本学園大学大学院社会福祉学研究科教授、桜山保育園理事長、名古屋大学博士（教育学））が古希を迎えられるにあたり、伊藤良高教授に所縁のある者たちが集い「教育と福祉」の現在の状況や課題、未来の展望などについて、教育、福祉、行政などさまざまな研究分野から、最新の研究成果を寄稿した「古希記念論集」が基礎となっている。熊本学園大学大学院社会福祉学研究科の伊藤良高教授の研究室の博士後期課程及び修士課程の修了生が企画の中心となり、日本保育ソーシャルワーク学会役員関係者、これまでに伊藤良高教授が主編者として出版した著書の著者などを含む多彩な執筆者となっていることも申し添えておきたい。

　また、本書の出版に至るまでには、中谷彪名誉教授（大阪教育大学名誉教授、元大阪教育大学学長）の多大なるご尽力がある。中谷彪名誉教授は伊藤良高教授の大阪教育大学大学院時代の恩師であり、伊藤良高教授が生涯の師と仰ぐ研究者

である。筆者もこれまで、中谷彪名誉教授の研究論文、著書を拝読したり、学会で基調講演を拝聴したりし、研究への真摯な姿、学識の深さに感銘を受けている。筆者も中谷彪名誉教授の研究から研究者としての生き方を学んでいると言っても過言ではない。本書の出版に際し、中谷彪名誉教授の研究・教育に対する考え方や姿勢を参考にしていることを付記しておく。

　終わりに、本書の刊行を快諾いただいた晃洋書房の萩原淳平社長、編集・校正でお世話になった丸井清泰氏、坂野美鈴氏には心からお礼と感謝を申し上げたい。

　2023年11月30日

永　野　典　詞

目　　次

序　章
保育経営研究の視点と課題

はじめに

　保育の世界において、「保育経営」または「保育マネジメント」(以下、保育経営) というワードを聞くようになったのは一体いつ頃のことであろうか。それに答えることは容易ではないが、近年において、直接的には1990年代以降の保育所・幼稚園等保育制度改革の展開と不可分に結びついてのことであると言ってよいであろう。そして、2010年代以降にあっては、2015年4月に創設された「子ども・子育て支援新制度」(以下、新制度) を契機として、認定こども園の普及や家庭的保育・小規模保育等地域型保育事業の推進など保育制度の多様化、多元化と呼ぶべき動向を背景としていると捉えることができるであろう。これらにおいては、規制緩和を手法とする新自由主義・市場主義とそのパラドクスとしての規制強化を手法とする新保守主義が混在化、一体化する形でさまざまな保育政策が展開されている。[1]

　本章では、乳幼児期の子どものための保育経営の創造、実現を目指して、それに資すべき保育経営研究に求められる視点と課題について検討することを目的としている。この目的を達成するため、本章の展開は以下のようになる。すなわち、最初に、保育経営研究の意義とはいかなるものであるかについて考察する。次に、保育経営研究に求められる視点とは何かについて提示する。そして最後に、保育経営研究の課題について整理、叙述する。これらの作業を通して、「保育経営学」の構築に向けた基礎的な研究フレームワークを確立することに努めたい。

2

1 保育経営研究の意義

保育経営を対象とし、それを研究することの意義はいかなるものであろうか。このことを考察する前に、そもそも、「保育経営」とは何であるかが明確にされなければならない。同ワードは、今日においてもなお十分に検討され、整理されたものとは言い難いが、近接する教育経営研究の成果を参照しつつ、筆者は、次のように定義づけている。

すなわち、保育経営とは、保育所・幼稚園・認定こども園等保育制度の経営をはじめ、「保育の目的を効果的に達成するための諸条件を整備し、これを連携的かつ有機的に運営する営み」である、と。付言すれば、教育、福祉、文化の全面にわたる生活圏としての地域社会（以下、地域コミュニティ）における保育に関する営みをトータルに捉え、乳幼児期の子どもの心身ともに健やかな成長（生命・生存・生活保障と発育・発達保障）の過程を関連的・総合的に把握しようとするものである。

図式的には、地域コミュニティ（マクロ的には福祉事務所または教育委員会単位。ミクロ的には小・中学校区単位）を基盤とする経営として想定されるが、その中核的問題は、保育所・幼稚園・認定こども園等保育制度の経営におかれる。領域として、① 保育所・幼稚園・認定こども園等保育施設経営、② 保育施設経営に係る保育行政、③ 保育関連（教育、福祉、保健、医療、労働、まちづくり等）行政・経営によって構成される。うち、②の保育行政は、保育経営を効果的たらしめるために国、地方公共団体、社会福祉法人・学校法人等私人が行う保育事業を、主に保育条件の整備とその運営によって果たすことが求められる。端的に言えば、保育経営とは、「保育のための経営」ということであり、「子どものための経営」もしくは「条件整備のための経営」ということができる。

では、こうした保育経営を研究することの意義は何であろうか。以下、3点、指摘しておきたい。

第1点は、乳幼児期の子どものための保育経営を創造、実現するうえで、保育経営の理念について明示するということである。教育経営にあっては、「子どもの教育を、学校や地域社会の教育事業として認識し、その教育の事業経営

のあり方も含めた改善が要請されている[5]」などと指摘されているが、近年、保育や子ども・子育て支援の領域においても、そのことの大切さが唱えられている。たとえば、「子どもの『健やかな育ち』の保障という観点から、子ども育成支援の施策と実践が、総合的、包括的、体系的に取り組まれていく必要がある[6]」、「子ども1人ひとりの置かれている状況や発達の必要に応じた支援を社会全体で重層的に実施していくことが求められる[7]」である。保育経営がこうしたニーズに適切に応えられるものであるか、ありうるかが問われている。

　第2点は、乳幼児期の子どものための保育経営を創造、実現するうえで、保育経営の対象について、それぞれの固有性とともに相互の関連性を考察するということである。たとえば、保育所・幼稚園・認定こども園等保育施設経営に関して、「子どもの『幸福に生きる権利』を実現していくためには、保護者、保育者・教師、子ども家庭福祉施設・従事者、地域住民、事業主、国・地方公共団体など、子ども育成支援にかかわるすべての者・施設・機関が、それぞれの役割と責任を踏まえながら、相互に協働（連携・協力）し合っていくことが不可欠である[8]」と指摘されている。このように、保育施設間、保育施設と保育行政、保育行政と保育関連行政・経営など、保育に関するすべての施設・機関・行政の関係構造のなかでそのあり方が追究されていくことが望ましい。

　そして、第3点は、乳幼児期の子どものための保育経営を創造、実現するうえで、保育経営の内容と方法（以下、保育経営実践）について、そのあるべき姿を解明するということである。保育経営実践については、保育所・幼稚園・認定こども園等保育施設経営を中心に、その理論化が図られつつあるが、いまだ十分な学問的蓄積があるわけではない。そもそもいかなる学問体系に依拠するかによって、そのアプローチが大きく異なっている。たとえば、経済学や経営学を主とする立場からは、保育施設経営における経済的効率性や企業経営方法の導入が叫ばれている。はたして保育界において、保育「経営」の名の下にこうした考えが広がっていくことを是とすることができるのであろうか。「子どもの最善の利益」の実現を目指す保育学をベースとした保育経営の理論と実践の積み重ねが期されるところである。

2　保育経営研究の視点

　次に、保育経営研究に求められる視点とは何かについて検討していきたい。いかなる分野や領域であれ、研究を進めていくためには一定のスタンスや目的、道筋を明らかにする必要があるが、保育経営研究として不可欠と思われる視点とはどのようなものであろうか。以下では、4点、示しておきたい。

　第1点は、保育のための経営または子どものための経営としての保育経営は、何よりも基本的な理念として、乳幼児期の子どもの健やかな育ちを掲げ、その実現を目指していくということである。前述の保育施設経営、保育施設経営に係る保育行政または保育関連行政・経営のいずれにおいても、子どもの「保育を受ける権利」の承認を前提として、乳幼児期の子どもの生命・生存・生活、発育・発達の保障に向けて、養護と教育の一体化としての保育の提供とその改善・充実が図られなければならない。ここでいう「保育」とは、「乳幼児期の子どもに対する意図的計画的な援助・教育活動」[9]であるが、基本的人権としての保育を通して、乳幼児期の子どもが心身ともに健やかに育つということが、子どもが「幸福を追求する」（憲法第13条）、または「生涯にわたる人格形成の基礎を培う」（教育基本法第11条）ものと解されるのである。子どもの幸福の実現に資する保育という視点である。

　第2点は、保育のための経営または子どものための経営としての保育経営は、子どもの幸福と保護者の幸福を総合的、統一的に捉えていく必要があるということである。それは、子どもと保護者の幸福の実現であるとも言ってよいが、常に子どもの「最善の利益の尊重」を考慮しつつ、現実にはかなりの困難が伴っても、能う限り両者のバランスを取りながら進めていくことが求められる。すなわち、子どもの幸福をどのように実現するのかを原点としつつ、保護者が保護者として、あるいは1人の人間・市民として幸福であることを志向する保育経営であることが望まれる。内容として、前者については、子育てに伴う喜びを実感できるような子育て支援が、また、後者については、さまざまな生活シーン（労働、学習、スポーツ、社会活動、ボランティア活動等）における自己実現を果たせるような条件整備が不可欠である。係る意味で、「子どもと保護者

のための経営」が目指されねばならない。

　第3点は、保育のための経営または子どものための保育経営は、地域コミュニティにおける保育に関するすべての施設・機関・行政の関係構築を促進していくことが不可欠であるということである。それは、かねてから「関係諸機関、諸行政が、子どものすこやかな成長と発達に共同して責任を負うために保育制度の内容をも問い直しつつ、その統合的なあり方を追及していくことが課題となっている¹⁰⁾」との指摘がなされているように、「協働」、「統合」をキーワードとして、乳幼児期の子どもの心身ともに健やかな成長を保障する方向での関係諸施設・諸機関・諸行政の連携協力と総合化・一体化を図ろうとするものである。たとえば、保育制度として言えば、養護と教育の一体化としての保育概念の下で、少なくともその中核的存在である保育所・幼稚園・認定こども園を総合、再編成することが望ましいし、また、それを支える保育行政も同様のスタンスから機構改革されるべきである。

　そして、第4点は、保育のための経営または子どものための経営としての保育経営は、地域コミュニティにおける保育に関するすべての施設・機関・行政の「参加」と「自治」を推進していく必要があるということである。それは、一般に「保育自治¹¹⁾」と呼ばれることがらであるが、保育に関するすべての当事者（子ども・保護者・保育者・地域住民）による保育施設経営や保育行政、保育関連行政・経営への参加を要請するものである。保育界ではこれまで不十分ながらもそうした実践がなされてきたが、保育問題を社会問題と捉え、「社会全体で子どもを育てる」という基本理念が貫かれようとする点に特徴がある。それぞれの地域において、「地方自治」、「住民自治」、「地域性」を根幹に、子どもの保育に関するすべての当事者の自主的で主体的な取り組みが尊重される保育経営であることが望まれる。そして、対話と合意を大切にし、当事者すべてに最善となるものを探究する保育経営であることが求められる。

3　保育経営研究の課題

　上記のような考察を踏まえ、以下では、保育経営研究の課題について整理、叙述しておきたい。

　そもそも、保育施設経営、保育行政、保育関連行政・経営とは別に、新たな保育経営概念を構築していくことになにがしかの意味があるのであろうか。同様のことはすでに近接する教育経営についても指摘されているが、その過程において恐らくは類似する課題を抱え込んでいくことになるであろう。すなわち、独自概念としてのアイデンティティとは何か、その実体性や有効性はあるのかなどといった点である。[12]

　これらについては、現時点でとりあえずは、次のように述べておきたい。保育経営とは、地域コミュニティにおける保育に関するすべての施設・機関・行政の総合化・一体化を目指すものであるが、その際に留意すべきは、保育という営み自体が元々は保護者による子育てに端を発するものであり、その一部が「育児の社会化」として社会公共的な形で組織化されているということ、また、現在、社会的な制度としては定立してはいないものの、乳幼児期の子どもの心身ともに健やかな成長に役割を発揮する社会的な仕組み（以下、ソーシャル・キャピタル）が多様な姿で生成されつつあること、さらには、保育が義務教育の範疇に属していないことも手伝って、条件整備性を有する保育の公的責任がきわめて不十分な水準でしか果たされていない状況が見られるということである。

　こうしたなかで、乳幼児期の子どものための保育経営に係る研究にあっては、いかなる課題があるのであろうか。以下では、2点、示しておきたい。

　第1点は、乳幼児期の子どものための保育経営研究において、子どもの生命・生存・生活と発育・発達をトータルに保障していくために、養護と教育の一体化としての「保育」概念をより豊かなものとして捉えていくということである。保育とは何かについては今日に至るまで一定の議論がなされ続けているが、少なくとも、「保育」、「教育」、「幼児期の教育（または幼児教育）」の3つのワードを矛盾することなく、互いに密接不可分なものとして理解することが大切である。しかるに、近年にあっては、「就学前の子どもに関する教育、保育等の総合的な提供の推進に関する法律」（2006年6月）の公布とそれにもとづく認定こども園制度の創設以降、そして、「子ども・子育て支援法」（2012年8月）を中核とする「子ども・子育て関連3法」の公布及びこれらにもとづく新制度の施行を契機として、保育を「一時預かり事業」とみなすなど、それらを区別

し分離、差別化しようとする動きが現れている。これではとても乳幼児期の子どもの健やかな育ちを目指す保育経営を創造していくことなどできないであろう。いかなる施設、機関、行政であれ、養護と教育（幼児期の教育を含む）を一体的に捉えることでしか、豊かな保育経営実践は展開されないことを肝に銘じなければならない。¹³⁾

　第2点は、乳幼児期の子どものための保育経営研究において、その対象となる範囲をいかに措定していくのかについて考究していく必要があるということである。すでに述べたように、ここでは、社会公共的な組織としての保育に関する諸制度・諸機関・諸行政を主な対象とするものとなっているが、近年、保育や子ども家庭福祉の領域にあっては、地域コミュニティにおけるソーシャル・キャピタルが注目されるに至っている。一般に社会関係資本と訳される同組織には、形態的に大別して血縁・地縁など自生的な関係にもとづく「結束型」と共通する興味・関心・目的など自発的な関係を基本とする「結合型」の2種類があり、後者においては、地域子ども会や母親クラブ、子育てサークル、子育てサロン、子ども食堂・地域食堂など社会公共的な色彩を持つものも少なくない。地域コミュニティにおけるすべての子どものあそびや学習、生活、健康を守るための社会的なセーフティネットワークの構築の必要性が叫ばれるなか、¹⁴⁾ソーシャル・キャピタルの改善・充実が重要な一要素となっていくことは間違いないであろう。保育経営研究の対象として、保育に関する社会公共的な仕組みをいかに描いていくかが課題である。

おわりに
──「保育経営学」の構築を目指して──

　本章は、いまだ理論的にも実践的にも未整理なままの保育経営について、その学問としての構築を目指すための基礎的な研究フレームワークを提起することを目指したものである。新制度の創設により、保育制度が多様化、多元化し混迷するなかにあって、新たな分野となる保育経営に期待されるものは決して小さくない。今後の進展に注目したい。

注

1）伊藤良高『保育制度学』晃洋書房、2022年、1頁。

2）小松郁夫「教育経営」、岩内亮一・本吉修二・明石要一編集代表『教育学用語辞典［第四版］』学文社、2006年、57頁。

3）伊藤良高『保育制度改革と保育施設経営――保育所経営の理論と実践に関する研究――』風間書房、2011年、66頁。

4）類（訳）語である「保育マネジメント」概念について、筆者は、「保育経営をより戦略的に、あるいは、経営戦略をもとに展開していくこと」と定義づけている（伊藤良高「保育マネジメントの理論と実践」、伊藤良高・中谷彪・北野幸子編『幼児教育のフロンティア』晃洋書房、2009年、73頁）。

5）前掲注3）、38頁。

6）伊藤良高「子どもの豊かな育ちとソーシャル・キャピタル」、伊藤良高・牧田満知子・立花直樹編『現場から福祉の課題を考える　子どもの豊かな育ちを支えるソーシャル・キャピタル――新時代の関係構築に向けた展望――』ミネルヴァ書房、2018年、24頁。

7）前掲注6）、24頁。

8）前掲注6）、26頁。

9）前掲注1）、6頁。

10）近藤正春「保育制度改革とはなにか」、青木一ほか編『保育幼児教育体系／これからの保育――保育幼児教育の制度と運動――』6（12）、労働旬報社、1987年、13頁。

11）筆者は、「保育自治」概念の提唱者として、1990年代後半以降、保育界におけるその必要性と重要性について説いてきている。詳細は、伊藤良高『現代保育所経営論――保育自治の探究――』（北樹出版、1999年。増補版は2002年）などを参照されたい。

12）たとえば、佐藤全「教育経営研究の現状と課題――社会科学として知識体系を再整理するための議論の誘発をめざして――」『日本教育経営学会紀要』38、1996年、を参照。

13）前掲注1）、132頁。

14）前掲注6）、29頁。

第1章
「校則の見直し」の動向
——熊本市立中学校の取り組み——

は じ め に

　2017年秋に大阪府で、「黒染を強要された」と主張する生徒から損害賠償の訴訟がおきたことをきっかけに、1988年につづいて再び「校則の見直し」に各教育委員会、文部科学省が動きをみせる時代となった。[1]

　そのなかで、「校則の見直し」に関して「先進的」な動きを示しているのが熊本市教育委員会である。本章は熊本市の政策動向、中学校（市立中学校は42校ある。中学校に着目するのはより、問題が発生しやすいと考えるゆえである）における、「校則の見直し」の実態を明らかにすることを研究目的とする。本章では、2021年度の「見直し」がはじまる前と考えられる、2021年9月の時点で情報公開請求をもとに入手した熊本市内公立中学校の校則と、「見直し」後の2022年9月に各学校のホームページ上で取得することができた校則をもとに、主に2021年度内におきた「見直し」について注目する。

1　熊本市の「校則の見直し」の動向

　熊本市教育委員会は2020年7月の定例会で「校則」を議題としている。[2]「校則・生徒指導の見直し」にとりかかり、8月には学校及び教職員・児童生徒・保護者を対象とするアンケートをはじめて、10月には「校則・生徒指導の見直しに係るアンケート」の結果を公表している。[3] さらに、「校則・生徒指導のあり方の見直しに関するガイドライン」を2021年3月に公表している。[4]「児童生徒が、自ら考え、自ら決めていくような仕組みの構築」「必要かつ合理的な範囲内で制定されることについて」「校則の公表について」の3つの観点から見

直しの枠組みをつくることが述べられている。さらに、「必要かつ合理的か」については、以下の4つの論点を示している。

① 生まれもった性質に対して許可が必要な規定
（例）地毛について、学校の承認を求めるもの　他
② 男女の区別により、性の多様性を尊重できていない規定
（例）制服に男女の区別を設け、選択の余地がないもの　他
③ 健康上の問題を生じさせる恐れのある規定
（例）服装の選択に柔軟性のないもの、選択の余地がないもの　他
④ 合理的な理由を説明できない規定や、人によって恣意的に解釈されるようなあいまいな規定

　①〜③については、各学校において「必ず改訂」することを求めている。
　同時に「熊本市立小中学校の学校運営に関する規則」の改訂も行われた。2021年4月から施行される規定として、「第36条　校長は、必要かつ合理的な範囲内で校則その他の学校規程を制定することができる。2　校長は、校則の制定又は改廃に教職員、児童生徒及び保護者を参画させるとともに、校則を公表するものとする」と明記された。「校則の見直し」をガイドラインを示したうえで行うことは、他県、他市町村教育委員会でも行われているが[5]、学校管理規則の改訂にまで含めて行っている例は管見の限り他には存在しない。
　2022年3月までに報告書の提出を各学校に求めているが、その様式は「見直しの仕組み、協議の内容、校則の新旧表」の記載までを求めている。「校則の見直し」は他の自治体でも同様に通知がだされているが、それは強制力をもつものではない。あくまで校則の制定権は校長にあるということに争いはなく、実質的な「見直し」が行われずに終わる可能性はある。このように教育委員会が書類の提出まで義務づけることにより、「見直し」が実質的に進むことは容易に推測できる。
　こうして見直しが行われた際の書類で、提出された記載内容については、「協議の方法について」「生徒指導のあり方の見直しについて」「来年度の見直しについて」「その他」については、まとめられて、ホームページ上に公開されている[6]。

　そのうち「協議の方法」についてみると、各学校によってさまざまな対応がとられている。42校中回答があった41校のすべての中学で「全校生徒向けアンケート調査」「生徒会での話合い、見直し案作成」「アンケートで一番多かった項目について各学級で話合い」「生徒会4役が見直し案のプレゼンの実施」「校則案を校則検討委員会（生徒代表・PTA役員・生徒会担当教職員）で検討」「全校で同じ時間を設定し、各学級でタブレットを活用しながら話合いを実施」「学級の代表者が集まって協議し、決定したことを生徒代表と職員代表で協議」など、いずれも生徒参加に関する制度構築が含められている。なかには、今回の見直しの後に、校則の前文のなかに「『自分たちの決まりは自分たちで作って、自分たちで守り、不具合があれば自分たちで見直していく』という民主主義の基本を身に着けながら、自ら判断し行動できる力の育成に繋げる」と明記されるようになったところもある。

　また、中学校の校則のホームページ上の公開もなされるようになった。校則が公開されることは、多くの人の目に触れることを前提に、校則を制定するということが意識されると考えられる。

2　熊本市の中学校「校則の見直し」の実態

　熊本市立中学校全42校の2021年度の動向について着目する。本章では「校則」と総称するが、「校則」「生徒心得」「生活心得」「〇〇中学校の学校生活に関する決まり」「〇〇スタイル」「〇〇中学校公式ルールブック」（〇〇にはいずれも学校名がはいる）など、名称は学校によってさまざまである。服装の範囲内に限定している場合もあり、「どこまでが校則なのか」という範囲は、必ずしも明確ではない。

　多くの学校は従前の校則に改訂を加えるかたちで変更を行っている。全面的に書き換えているところも、大幅に簡素化したところもある。比較的修正箇所の多かったA中学校の主な改訂動向を2021年度、2022年度の校則を対照させてみると、**表1−1**のとおりである。

　一方で、スクールソックスとして認められる色を増やした程度の、修正が少なかった中学校もあった。

表1-1　A中学校の2021年度中に行われた主な校則改定動向

	2021年度	2022年度
①	[表題]「A中学校生活のきまり」	「校則」
②	[前文] 中学生としての誇りと自覚をもち、責任を重んじ、自主的な生活をし、よりよき中学生となるために次のことを守りましょう。	学校は集団生活の場であることから、学校には一定の決まりが必要です。校則は、みなさんが健全な学校生活を営み、よりよく成長していくための行動の指針です。しっかりと守り、充実した学校生活を送りましょう。
③	[新設]	通学に関するきまり（登校時間など）および、タブレットに関するきまり（「大切に使う、学習目的以外には使用しない」）を新設。
④	[服装に関して]「男子標準服」「女子標準服」という記載	「Ⅰ類」（標準型学生服）「Ⅱ類」（セーラー服）から選択し、着用する。
⑤	[男子冬服] セーター、トレーナーは白、黒、紺、茶、グレーの単色、柄なしのものを着用する。襟や袖から見えるもの、ホックのとまらないものは着用しない。	[Ⅰ類、冬服] 厳寒期には白、黒、紺、茶、灰色の単色無地のトレーナーなどを学生服の下に着用してよい。
⑥	[女子冬服] セーラー服の下に着るセーター類は、白、黒、紺、茶、グレーの単色、柄なしのもので、襟元や袖口から出ないようにする。厳寒期にはボックス（登下校時着用を原則とする）、タイツの着用を許可する。タイツの色は黒色とする（ソックスを重ねる場合は、タイツの中に黒色または白色スクールソックスとする）。	[Ⅱ類冬服] 厳寒期には白、黒、紺、茶、灰色の単色無地のトレーナーなどをセーラー服の下に着用してもよい。また、黒色のタイツを着用してもよい。
⑦	[冬服・中間服・夏服の] 移行期間については気温を考慮して学校から連絡する	移行期間は特に設定せず、気候や天候を考慮して各自で判断する。
⑧	下着は無地の白色とする（女子はベージュも可とする。柄の入った下着は着用しない）。	シャツの下に着用する下着については、白を基調とした色、または黒色のものとする。
⑨	靴下は白色のスクールソックスを着用する。長さはかかとで折り曲げて、つま先までと上までの長さが同じくらいであること。	靴下については、くるぶしが充分に隠れる長さで、白、黒、紺色の単色無地のものとする。
⑩	厳寒期には手袋、ネックウォーマーの着用を許可する（登下校時着用を原則とする）。手袋は白・黒・紺・茶・グレーの単色で柄のないものを使用する。ネックウォーマーは黒・濃紺・暗灰色の単色で柄のないスポーツタイプのものを使用する。小さなロゴが入ったもの、規定の色であれば表と裏の色が異なるものの使用は可。スヌー	厳寒期には、登下校時のみ、白・黒・紺・茶・灰色の単色無地の手袋やネックウォーマーを着用してよい。また防寒着については、部活動で使用しているものや、白・黒・紺・茶・灰色を基調としたものを着用してよい。

	ド類は使用しない。	
⑪	［靴］ひもつき白色の運動靴を使用する。ハイカット・デッキシューズは禁止。	靴については、白色または黒を基調としたもので、運動に適したひも靴とする。
⑫	［新設］	体操着については学校指定のものとする。
⑬	［頭髪・眉等］ （1）男女共通 中学生らしい髪型とする。 前髪は目にかからない程度にする。 整髪料は使用しない。 眉を抜いたりそろえたり、化粧、ピアス等はしない。 （2）男子 襟や耳にかからない程度の長さにする。ひどい長髪、パーマ、脱色、髪染めなどはしない。 （3）女子 肩にかからない程度とし、長髪の場合はゴムで結ぶ（黒、濃紺、こげ茶）。 髪留めは黒色系のヘアピンのみとする。 左右非対称など特殊なカットやパーマ、脱色、髪染め、ヘアーアイロンなどはしない。	髪型などに関するきまり 1　極端な段差ができるような髪型や、極端な左右非対称な髪型にしない。 2　パーマ、ヘアーアイロン、脱色、髪染めなどはしない。 3　髪の毛が肩にかかる場合は、黒、紺、茶色のゴムで結ぶ。 4　髪留めについては、黒色のヘアピンを使用する。 5　整髪料を使用しない。 6　眉を抜いたり剃ったりしない。 7　化粧、ピアス等をしない。
⑭	外出時に生徒証明書を所持し、○○中学生としての品位を保つように心がける。	（削除）
⑮	［新設］	SNSやスマートフォン等ネット機器については、保護者の責任の下で利用する。特に、人を傷つけたりトラブルをまねいたりするような書き込み、不適切な動画・写真等の撮影及びネット掲載や交換などについては十分注意する。
⑯	［新設］	（付則）この校則は、令和3年12月16日、校則見直し検討委員会で協議し、令和3年12月17日、校長が決裁し改訂する。

（出所）筆者作成、［　］内は筆者による。

　ここからは、他の学校の校則をも踏まえて、改訂の方針について、すでに述べたガイドラインにおける①〜④についての対応および、これを期に新たにつくられた規定（⑤とする）について、見ていくこととする。

1　生まれもった性質に対して許可が必要な規定に関して
　「茶髪の禁止」が明記されていた部分が削除された例がある。「生まれつき茶

14

髪」の生徒がいた場合の配慮がこれまでには欠けていたといえよう。「地毛証明書」の提出をもとめた校則は存在しなかったが、校則以外の規則や口頭による指導で提出が求められている可能性はある。同様に、「パーマにしない」の規定が存在する中学もあるが、「天然パーマ」の生徒に対する配慮に欠ける規定ではないかとも考えられる。

2　男女の区別に関して

　A中学校ではⅠ類、Ⅱ類ときめて、「男子標準服」「女子標準服」の記載をやめている。他にも「様式1」「様式2」とするなどさまざまな対応がとられているところがある。性的少数者（戸籍上の性別と性自認が一致しない場合）に配慮したものと思われる。Ⅰ類（学生服）、Ⅱ類（セーラー服）以外の選択肢はなく、Ⅰ類の学生服を選択しないかぎりスカートに限定されるという問題はある。一方で、男女ともにブレザーの制服にしていて、女子に「男子のズボンを着用してよい」としている学校もある。

　制服の男女別の記述はやめているが、髪型に関するルールは「男子は〜」「女子は〜」という記述がそのままに見過ごされている中学は多い。後髪の長さについてなどが別規定となっていたりする。「ジェンダーに関することなど、特別な事情がある場合は、必ず相談してください」という特記を加えたところがある。

3　健康上の問題に関して

　A中学校では、「［冬服・中間服・夏服の］移行期間」を「各学校から連絡」でなく、「個人の判断」にかえた。体感温度には個人差がある以上、健康上の問題を減少させることになるであろう。防寒具に関しては、「登校時に手袋・防寒具・マフラー・ネックウォーマーを着用してよい」などと、着用してよいものを増やしたところが多い。

4　合理的な理由を説明できない規定や、人によって恣意的に解釈される規定に関して

　A中学校では服装・頭髪ともに規制を減らしている。たとえばネックウォーマーの色が増えたものの、依然として色の制限や指定をすることの合理的な理

由は説明できる内容だろうか。

　靴下の色に関しては、色の指定を撤廃したところも一校あるが、他の41校には何らかの規定がある。「白」のみであったのを「白・黒」にするなど認められる色を増やした程度の「見直し」が行われているところが多い。靴下がなぜ灰色ではいけないのか、他にも「ワンポイントまでOK」「ライン入りは不可」などの規定は、まだまだ残っている。校則による規制を「緩める」ことが「見直し」であると受け取られている可能性がある。

　下着（肌着）に関しては、36校が何らかの規定をおいている。「白かベージュの単色」であったのが「目立たない色」と改めたところもある。多くは「原則として無地で派手でないもの」「色や柄が透けないもの」「襟や袖から見えないように」といった記載に留めている。「夏はシャツの色に合わせて白の下着」と、色の規定を行う理由の説明をしているところがある。規制するにせよ合理的理由を示しているといえよう。

　校則に「中学生らしい」という文言があるところは3校ある。それは、「恣意的に解釈される」校則の例としてよく挙げられるところである。[7]ある中学では「男子は常に中学生らしい普通の髪型に整える」を、男女とも「常に学びの場にふさわしい髪型に整える」と改められた。「学びの場にふさわしい」という言い方にして、「納得できる内容」にしているところがある。

　「ツーブロックの禁止」は10校に見られる。髪の結び方、結ぶ位置に規定をおいているところもある。「ヘアピンは、危険防止のために体育時には使わない」とかつてあったのを削除した例がある。およそ問題ないという判断であろう。眉毛に関して「一切さわらない」「そる・抜く・切る・整える等の禁止」という規定は多いが、「整える」行為まで規制するのは合理的に説明できるのだろうか。かつて「眉毛をそる」ことが「不良」のアイコンを示すかのような時代があったが、その残存なのだろうか。他に、スカート丈に関しては34校に規定があったが、「ひざが隠れる」「ひざ立ちして床に着く」などの決め方をしているところが多い。

　2022年度において、「合理性の説明が難しい」校則は、まだまだ残存するといってよい。

5 新設規定、その他について

　A中学校では改正期日や改正の経緯を新たに記している。しかし、これは全体でみれば少数派である。他に、「アンケートをとったり生徒議会等で話し合ったりして、みんなで決めたルールもあります。自分たちで決めたルールを守り、過ごしやすい学校を作っていきましょう」など、「見直し」への経緯を明記しているところはある。「今後毎年見直しを行っていく」と述べているところもある。

　校則が時代の変化に適合しなければならないことは言うまでもない。A中学校では、新たな必要性があると思われたもの（登校時間、タブレットなど）の規定が新設された。一方で、SNSの規定など「熊本市中学校生徒指導委員会申し合わせ事項（令和3年度）[8]」を反映させて改めたところがある。一方で、同申し合わせ事項にある「外出時には生徒手帳携帯」は、熊本市内で生徒手帳が別途に廃止される方向にあることから、A中学校以外でも削除される方向にある。

おわりに

　2021年度の1年間で校則の見直しがすすめられたわけである。それで、生徒参加や父母参加のシステムがつくられ、ある程度の見直しがすすめられたという成果ははっきりあるといってよい。教育委員会によって指針が示されたことにより、その方向に「見直し」がすすんだといってよい。ただ「見直し」を呼びかけるだけでは、多忙な教育現場では「今のままでよい」と放置されることも多いことが想像できる。ガイドラインがつくられたにもかかわらず、女子のズボン着用を希望者には認めるという「性の多様性」への配慮、厳寒対策という健康への配慮はまだ十分できているとはいえないところもある。服装・頭髪に関しては依然として「合理的な説明が難しい」と思われる「細かな規制」が存在することが見受けられる。

　一方で、校則の改訂について話し合うには時間がかかることであり、2021年度は新型コロナウイルス感染症の問題が発生という制約もあったことも考えられる。何が、「理由の説明が難しいもの」であるかは意見の一致をみるとは限らない。今後さらなる検討課題が残っているとしても、1年目にある程度の成

果をあげることはできているといえよう。「校則の見直し」を民主主義教育の一環として定着させるには、やはり時間がかかるといわざるをえない。そのために、「あるべき校則」に関する指針、根本原理となることのさらなる周知、理解も求められることを付言しておく。

注
1）大津尚志『校則を考える――歴史・現状・国際比較――』（晃洋書房、2021年）、河﨑仁志・斉藤ひでみ・内田良編『校則改革――理不尽な生徒指導に苦しむ教師たちの挑戦――』（東洋館出版社、2021年）、内田良・山本宏樹編『だれが校則を決めるのか――民主主義と学校――』（岩波書店、2022年）など参照。
2）教育委員会会議録（2020年7月30日）（https://www.city.kumamoto.jp/common/UploadFileDsp.aspx?c_id=5&id=27659&sub_id=10&flid=216778、2022年12月19日閲覧）。
3）「校則・生徒指導のあり方の見直しに係るアンケート」（https://www.city.kumamoto.jp/common/UploadFileDsp.aspx?c_id=5&id=31344&sub_id=1&flid=224031、2022年12月19日閲覧）。
4）「校則・生徒指導のあり方の見直しに関するガイドライン」（https://www.city.kumamoto.jp/common/UploadFileDsp.aspx?c_id=5&id=31344&sub_id=2&flid=244918、2022年12月19日閲覧）。
5）たとえば、神戸市教育委員会は2021年に「学校生活のルールや決まり（校則など）に関するガイドライン」を作成している（https://www.city.kobe.lg.jp/documents/44320/030616_kousoku_guidelines.pdf、2022年12月19日閲覧）。
6）「【中学校】実績報告書（記述回答一覧）令和3年度 校則・生徒指導のあり方の見直し」（https://www.city.kumamoto.jp/common/UploadFileDsp.aspx?c_id=5&id=31344&sub_id=14&flid=301377、2022年12月19日閲覧）。
7）たとえば、東京都教育委員会は、校則の「自己点検」を2021年度に行うように指示している。「『高校生らしい』等、表現があいまいで誤解を招く指導」を、校則の「点検項目」の一つとしている。
8）「熊本市中学校生活の申し合わせ事項」http://www.kumamoto-kmm.ed.jp/sch/j/futaokajh/files/items/61968/File/R3mousiawasejikou.pdf、2022年12月19日閲覧）。
9）片山紀子は、2021年の近畿圏5都市のアンケート調査（1036校）では、教師間の価値観にばらつきがあり、校則の変更は「たとえば靴下の色の範囲を広げたりワンポイントを認めたり」という「マイナーチェンジ」が多くをしめていることを指摘している。調査数からして、そちらがむしろ「全国的」な動向といってよいであろう（片山紀子「校

則の変更から見る生徒指導上の今日的課題——小中学校の生徒指導担当者を対象とした
アンケート調査から——」『京都教育大学紀要』141、2022年、29-42頁）。

第2章
学校教育の「本質的な脱地域性」
──非大都市圏における人材輩出の視点──

はじめに

　「地域に根差した教育」「地域と学校の連携」といったフレーズに代表されるように、地域と学校は結びつきを強くするべきだという論調は、学校や教育が語られる際によく出てくる。学校と地域との結びつきとは、実にさまざまな側面や文脈がある。学校運営に地域住民を意見を取り入れること、その地域ならではの歴史や名産品を教育内容に取り込むこと、職場体験活動として地元商店のお手伝いをすること、これらはすべて「学校と地域の結びつき」であり、これらはすべて「良いこと」とされていると考えられるであろう。

　本章で焦点をあてるのは、「地域で生活する人材を育てる」という側面である。学校とは、人材を配分して、社会に輩出していくという機能を持っている。特に中学校や高等学校といった、その学校を卒業したら、高校や大学や専門学校に進学、あるいは就職するという進路が多岐にわたる学校段階ほど、この機能は強くなる。ということで、高校から4年制大学へ進学するという進路を多く扱うが、基本的な理論は、小中高等学校すべてに通底するものと考えられる。地域にとって、学校教育とはどのような意味があるのかを、この側面から考えたい。

　なお、本章で論を展開するにあたって、最も依拠した先行研究は、教育社会学の立場から「地域と教育」研究のレビューを行った久冨善之の論考である。[1] 本章の問題関心や「地域」「教育」「学校」といった概念の取り上げ方は、おおむねこの久冨論文をベースとしている。

1　教育の「本質的な脱地域性」の構図

　4年制大学、大企業の大都市偏在

　表2−1は、2022年時点での、都道府県別の4年制大学在学者数の、上位5都府県と下位5県を示したものである。上位5都府県で、日本全国の53.4％を占めているのに対して、下位5県では、1.5％に過ぎない。大都市に偏在していることが明らかである。

　そして、大学卒業の進路として影響する、大企業の大都市偏在も顕著である。中小企業庁が発表しているデータによれば、2021年時点で、日本全国にある大企業の数は1万364社であるが、そのうちの74.5％が三大都市圏[2]に集中しているのである。[3]

　以上のことから、成績が優秀な者ほど、大都市に流れていくという傾向があるといえるだろう。

　教育の「成功」と脱地域性

　日本の高校教育においては、学業成績によって大学進学か、高校卒業後就職

表2−1　4年制大学の都道府県別学生数　上位5都府県と下位5県

	学生数（人）	割合（％）
計	2,930,963	100
東　京	766,735	26.2
大　阪	251,804	8.6
愛　知	193,499	6.6
神奈川	186,246	6.4
京　都	166,137	5.7
秋　田	10,031	0.3
和歌山	9,886	0.3
佐　賀	8,544	0.3.
島　根	8,116	0.3
鳥　取	7,821	0.3

（注）2022年5月現在。
（出所）文部科学省『学校基本調査』。

するのかといった人材選抜機能があることは、多くの教育社会学の先行研究が明らかにしてきた[4]。その上で非大都市圏においては、自宅から通えるところに大学がないため、大学進学者の多くは大都市圏に移動し、高校卒業後に就職する者は地元企業に就職することが多い[5]。すなわち、「地域移動」という軸においても、学業成績によって選抜が行われていて「大都市の大学に進学」と「地元の企業に就職」に分かれるという構図がある[6]。

　「大都市に移動して大学進学」と「地元の企業に就職」。高校卒業後のこの2つの進路パターン[7]は、突き詰めれば「横並び」のはずである。高校生の一人ひとりが自らの希望に従って進路を決めればいいのである。しかし、大学進学には一定の学力が必要だという前提に立てば、大学進学に対応する学力がある者が、就職を希望すればできるが、大学進学に対応する学力がなければ、就職しかないということになる。したがって、大学進学が就職より「一段上」という位置づけとなるのである。そして、高校の進路指導において「大学を出た方が視野が広がって、将来の選択肢も広がる」といった、大学進学を促すような指導が多いであろう。以上のようなことにより、学力が高い「模範的な」生徒ほど、大都市圏に流出していくという構図があるわけである。

　ここまで高校教育に焦点をあてて考えたが、小中学校でも構図としては同じである。日々の教育実践がうまくいき、教育することに「成功」した児童生徒ほど、学力が高くなり、その結果として「進学校」と言われる高校に入って大都市圏に出ていく可能性が高いのである。これが教育の本質的な「脱地域性」なのである。

3　近現代に一貫して続いてきた教育の「本質的な脱地域性」

　日本の高等教育機関は、明治時代のはじめから中央である東京に集中していたとされている。東京大学（1877年創立）を母胎として1886年にできた帝国大学は、全国的で中央的な唯一の大学であり、その近辺に私立学校が多くできた。文明開化、富国強兵を進めていた明治政府にとって、高等教育機関を東京に集中させることは不可欠であったとされている[8]。明治後期から昭和初期にかけて、帝国大学が札幌、仙台、名古屋、京都、大阪、福岡にできたが、すべて大都市であり、各地方においてそこへの集中が起こったのである。

このような高等教育の大都市集中は、戦後になっても基本的には変わらなかった。戦後の高度経済成長に対応するため、非大都市圏から大都市圏に人口が移動した。生活綴方教育を実践した教師の1人であった東井義雄は、著書『村を育てる学力』(1957) のなかで、次のように述べている。

> 村の子どもが、村には見切りをつけて、都市の空に希望を描いて学ぶ、というのでは、あまりにみじめすぎる、と思うのだ。そういう学習も成り立つではあろうが、それによって育てられる学力は、出発点からして「村を捨てる学力」になってしまうではないか。…（中略）…私は、子どもたちを、全部村にひきとめておくべきだなどと考えているのではない。…（中略）…私は、何とかして、学習の基盤に、この国土や社会に対する「愛」を据えつけておきたいと思うのだ。「村を捨てる学力」ではなく、「村を育てる学力」が育てたいのだ。みじめな村をさえも見捨てず、愛し、育て得るような、主体性を持った学力なら、進学や就職だってのり越えるだろう[9]。

「村を捨てる学力」「村を育てる学力」という対比のフレーズの概念はわかりやすく、教育の脱地域性を端的に表しているといえよう。高度経済成長の後の時代においても、大きな傾向は変わらず、学力が高い、すなわち教育が成功した者ほど、非大都市から大都市へ移動していくという傾向は続いたのである。

2　教育の「本質的な脱地域性」と教育格差

1　「教育格差」の定義

本節では、教育格差という観点から「教育の脱地域性」との関連について考察していく。教育の不平等ということを考えると、「教育の機会均等」や「教育格差」という概念は重要である。きわめて簡単にいえば、「教育の機会均等」が実現できていないということは、「教育格差」が存在しているということで、その状態が不平等だということである。

「教育の機会均等」とは、日本国憲法や教育基本法にもある理念で、さまざまな含意があるが、小林雅之の定義によると、「個人が人種・社会・経済的出

身階層などの属性によって差別されないことによって、さらに偶発性によって支配されることを最小にすることによって、教育を受ける機会が、国民として平等に保障されること」である[10]。すなわち、高校進学や大学進学などの、教育を受ける機会が、人種や生まれた上の経済状況など、個人の努力ではどうしようもないこと（属性）によって左右されず、すべての人に保障されている、ということである。

　「教育格差」については、2000年前後から社会一般からは注目されるようになった。「どのような家に生まれるかによって人生が大きく決定づけられる。努力しても報われない人が増える傾向にある」という論調であった。学歴や収入、地位など客観的に計量できるデータにより、日本社会の変質が指摘されたのである[11]。加えて、などの分析においては、青少年一人ひとりの勉学に向かう意欲がどの程度あるのかや、今後の人生において明るい未来を描けるか否かといった、主観的な指標をもとに、階層の固定化を明らかにする研究もあった[12]。

　これらの教育格差に関する論調を踏まえて、耳塚寛明は、「教育格差」を次のようにまとめている。子どもの一人ひとりのテストの点数が違うということは、「差異」であり、それが「格差」として認識されるには、次の3つの観点があるとしている[13]。1点目は「優劣を伴うまなざし」である。高い学力は低い学力より望ましいというように、そこに優劣をつけているということである。2点目は「告発性」で、「その差異が問題だ。よくないことだ」と見なすことである。3点目は「行動要求」である。「現在ある格差が、今後は是正、縮小、緩和されることを求める」のである。このような特徴を持った格差が、教育の世界にあり、それを「教育格差」と呼ぶということである。

2　教育格差の前提にある価値観

　この議論の前提に立てば、「『どのような家族のもとに生まれたか、どのような地域に生まれたか』といった本人の努力ではどうしようもない要因によって、教育達成や地位達成が妨げられることがあってはならない」という価値観となる。たとえば、貧困家庭に生まれたために、塾や私立学校に行くお金がないため、大学に行くことができないというケースが存在する。このような現状が良くない、ということである。

「教育格差のなかの地域格差」が全く存在しない社会、教育制度とはどんなものであろうか。一つの考え方として、「経済的な状況に全く関係なく、誰もが行きたい地域にある大学に行ける状態、制度」という答えがあるが、もしそのような状態、制度が実現したとしたら、若者はどの地域の大学に進学するであろうか。大都市、とりわけ東京に集中することは容易に想像がつく。教育格差が是正されればされるほど、すなわち経済的な制約がなく希望の大学に行ければ行けるほど、大都市圏へ若者は集中して非大都市圏は厳しい状態になるのではないか。

このように考えると、地域と教育の結びつき、教育の「本質的な脱地域性」、教育格差、および教育格差の是正・改善について、その価値判断を整理すると、図2-1のようになると考えられる。教育格差は是正されるのは良いことであるが、教育の脱地域性が悪いこととなる、という非大都市圏ならではの構図が存在しているのである。

3　教育の「本質的な脱地域性」を乗りこえる方策

このような構図の中にあり、「悪」であるとされる、教育の本質的な脱地域性をどのように乗り越えていけばいいのか。クリアーな解決策というわけではないが、ここでは、①「地域のリーダー」という人材輩出と、②上昇志向を保留した価値観を受け入れる教育の2つを提起したい。

図2-1　教育の脱地域性と教育格差の関連

（出所）筆者作成。

1 「地域のリーダー」という人材輩出

　吉川徹は、「ローカル・トラック」という概念を提起した。非大都市圏において、県内の高校を卒業した後、県内の高等教育機関に入り、県内で就職して一生を送るという若者が一定数いる。彼らは、「大学入試の難易度ランク一辺倒の単純な判断ではなく、県内の地方国立大学に入り、県内の大学でお互いにそういう気持ちを強めていき、そのように水路づけられる」としている[14]。樋田大二郎らの研究グループも、島根県の高校をフィールドとして、従来の教育社会学では看過されてきた非大都市圏特有の選抜のあり方が、高校入試や大学入試において認められることを示した。家を継ぐために地元に止まるなど、学業成績や経済的事情とは別の進路決定要因があり、すべての者が単純に上昇移動しようとは思っていない、そして公立高校は地域人材の育成という機能がきわめて重要だということを明らかにした[15]。

　吉川や樋田が明らかにした、地元に止まる（または大学卒業後Uターンする）という進路選択をした者は、非大都市圏においては、「リーダー」であると考えられる。ここでいうリーダーとは、エリートとはやや意を異にしており、「ある程度の学歴や地位を持っていて、地域社会のことを良く知って、地域社会をリードするような人材」というような意味である[16]。進路を選択する者で、典型的な職業としては、医師、看護師、理学療法士などの医療職や、小中高等学校の教員を挙げることができよう。

2 上昇志向を保留した価値観を受け入れる教育

　教育や学校が語られるとき、「すべての者が上昇移動したいと思っている」という大前提があることが多い。ここでいう上昇移動とは、「より高い収入や地位を得たい。現代日本社会において、収入や地位に最も直結しているのは学歴であるので、いわゆる『いい高校、いい大学』に入ることが、幸せにつながる」という前提である。その前提をおかないと、私たちが一般的にイメージする教育や学校の基本が成り立たないと、無意識のうちかもしれないが、大なり小なり考えられているのではないだろうか。

　このような前提があるからこそ、「非大都市圏にももっと大学を作らなくてはならない」、または「高等教育の大都市偏在が現状の通りなら、地域移動を

26

しやすくなるために、奨学金などの経済的サポートをもっとしなければならない」といったような論理が展開されることが多い。「地域移動は費用がかかり、それが非大都市圏の生徒にとっては負担である」ことが強調されているのである。

　しかし、この前提も実態として変化しているという研究は多くある。社会学者における「若者論」のなかに、「地元志向」の研究というものがある。都会より地方の青少年の方が、生活満足度や自己肯定感が強い。また、交通網の発達、モータリゼーション、商業施設の増加（イオンモールなど）により、非大都市圏も生活環境が整ってきていることを指摘している。このような研究の一例として、轡田竜蔵は、広島県の府中町と三次市で調査を実施し、地元での生活に満足していることから、大都市への憧れは少ないとしつつも、安定した地元の雇用は少ないことが問題としてあるとしている。また、地方暮らしの若者とはひとくくりにできず、家族がどれだけ地元で人間関係を有しているかといった属性、山間部か地方都市かという「地方の中での差」により、満足度は大きく異なるとしている。「地元志向」について、無条件に肯定的に評価することには慎重であるが、大筋では認めているという結果となっている。

　これらの研究が指摘するように、単純な上昇志向だけではない意識が若者の間に広がっている、それに学校教育の価値観も対応していかざるを得ないという面はあるといえよう。「地元志向」を持つ若者を「覇気がない」と否定的に捉えるか、「自分らしさをはっきりと持っている」と肯定的に捉えるかは、現職教員などの教育関係者の意識次第なのである。

おわりに

　本章では、教育の「本質的な脱地域性」の実態とそれへの意識を、教育格差という実態、それへの意識と照らし合わせながら考察してきた。非大都市圏における人口減少、少子高齢化という問題点が語られて久しく、政府もさまざまな解決案を提言しているが、特効薬はないということは、誰が見ても明らかである。そのような状況のなかで、「大学の大都市集中を是正すれば、少しでも何とか改善されるのではないか」ということで、昭和の時代から「大学地分散

化政策」が行われ、近年においては東京23区での大学の定員増が抑制されてい[18]る。大学立地といったハード面の是正も、それなりの効果があるだろう。

　しかし、本章で扱ったような、教育そのものについて根底から捉え直すことが、より重要なのではないだろうか。非大都市圏の地域において、理想とすべきものはどのような教育で、どのような人材輩出であるのか。個人側からみた機会均等、教育格差の是正という点には収まり切らない側面があるに違いない。具体的に提示することはできないが、このようなまなざしを視野に入れて、非大都市圏における、あるべき教育を考えていくことが必要なのである。

注
1 ）久冨善之「地域と教育」『教育社会学研究』50、1992年、66-86頁。
2 ）埼玉、千葉、東京、神奈川、岐阜、愛知、三重、京都、大阪、兵庫の都府県。
3 ）中小企業庁ホームページ「中小企業の企業数・事務所数」（https://www.chusho.
　　meti.go.jp/koukai/chousa/chu_kigyocnt/index.htm、2024年 1 月28日閲覧）の「調査の
　　結果」の「統計表一覧」の「都道府県・大都市別企業数、常用雇用者数、従業者総数」
　　に記載されているデータである。
4 ）たとえば、樋田大二郎・苅谷剛彦・堀健志ほか編『現代高校生の学習と進路──高校
　　の「常識」はどう変わってきたか？──』（学事出版、2014年）に先行研究も含めて詳
　　しい。
5 ）一例として、労働政策研究・研修機構『若者の地域移動──長期的動向とマッチング
　　の変化──』JILPT 資料シリーズ No.162、2015年（https://www.jil.go.jp/institute/
　　siryo/2015/162.html、2023年 5 月 7 日閲覧）に詳細なデータがある。
6 ）筆者はその人材選抜について、福井県立若狭高校を事例として、実態調査を行ったこ
　　とがある。その際の分析枠組みとしては「大学進学者輩出」と「地域人材輩出」の 2 つ
　　に分けて行った。分析結果は、冨江英俊「地域社会の形成に高校が果たす役割──若狭
　　高校の事例から──」、苅谷剛彦・酒井朗編『教育理念と学校組織の社会学──「異質
　　なものへの理解と寛容」：割りホームルーム制の実践──』（学事出版、1999年、175-
　　198頁）。
7 ）これ以外の進路のパターン、たとえば「地元の専門学校に進学」などは多数存在する
　　が、ここでは両極端といえる 2 つのパターンを取り上げて説明することとする。
8 ）天野郁夫『高等教育の日本的構造』玉川大学出版部、1986年、95-97頁。
9 ）東井義雄『村を育てる学力』明治図書出版、1957年、38頁。

10) 小林雅之『大学進学の機会——均等化政策の検証——』東京大学出版会、2009年、12 頁。なお本章では、属性を「個人の努力ではどうしようもないもの」と定義したが、 （個人の努力で大なり小なり手に入れ得るであろう）「学力」や「能力」を属性に含める 考え方もある。しかし、本章のテーマである「教育格差」を論じるにあたっては、学力 は説明変数ではなく、被説明変数と考える必要があり、学力を規定しているものを考 え、その因果関係をさぐるという構図の分析が多いので、「学力」や「能力」は属性に は含めなかった。

11) 橘木俊詔『日本の経済格差——所得と資産から考える——』（岩波書店、1998年） や、佐藤俊樹『不平等社会日本——さよなら総中流——』（中央公論新社、2000年）な どである。

12) 苅谷剛彦『階層化日本と教育危機——不平等再生産から意欲格差社会（インセンティ ブ・ディバイド）へ——』有信堂高文社、2001年や、山田昌弘『希望格差社会——「負 け組」の絶望感が日本を引き裂く——』（筑摩書房、2007年）などである。

13) 耳塚寛明編『教育格差の社会学』有斐閣、2014年、2頁。

14) 吉川徹『学歴社会のローカル・トラック——地方からの大学進学——』世界思想社、 2001年。

15) 樋田大二郎・樋田有一郎『人口減少社会と高校魅力化プロジェクト——地域人材育成 の教育社会学——』明石書店、2018年。

16) かつて筆者は、非大都市圏である秋田県において、公立中高一貫校が新設される際 に、「地域のリーダー」の養成という理念が掲げられたことを指摘した（冨江英俊「公 立中高一貫校導入に関する議論と展望——秋田県の審議会議事録からの分析——」『日 本教育政策学会年報』7、2000年、167-176頁）。ここでいう「地域のリーダー」とは、 この事例の概念に拠っている。

17) 轡田竜蔵『地方暮らしの幸福と若者』勁草書房、2017年、340-344頁。

18) 2018年に「地域における大学の振興および若者の雇用機会の創出による若者の修学お よび就業の促進に関する法律」が公布・施行され、東京23区においては学生定員増が規 制されている。

第 3 章
「18歳成年時代」の名宛人と責任の所在

は じ め に
──「18歳成年時代」の幕開け──

　2016年の改正公職選挙法に伴う「18歳選挙権」の実現に続く形で、2018年の民法の一部を改正する法律の成立を経て、民法上の成年年齢が20歳から18歳に引き下げられるに至った。私人間関係の規律法令である民法の成年年齢引き下げをめぐっては、2007年の日本国憲法の改正手続に関する法律の制定を契機として議論が本格化、日本で初めて私法上の成年年齢が定められた1876年の太政官布告第41号の制定以来、約140年ぶりの大改正となった。「18歳成年時代」の幕開けである。

　日本では、18歳以上の若者を「一人前の大人」として扱うことで将来の国づくりの中核に据えていくという国政上の判断がなされ、憲法改正国民投票の投票権や公職選挙法の選挙権等の参政権を付与することで、若者の積極的な社会参加を促す機運が高められてきた。今次の成年年齢引き下げも、市民生活の基本法たる民法における経済取引上の主体性・独立性を確保していくこと、具体的には、自らが就労して得た金銭等を自らの判断で使うなど、単独での契約締結を容認していくことで、若者の自己決定権を尊重していくという意味では、積極的な社会参加を通じて活力ある社会を構築していこうとする政策動向と軌を一にするものであると理解できる。これに対して、若者に対する大人の「期待」と、社会に対する若者の「不安」が交錯しているのが、現状であろう。

　以下、第1節で制度変更の内容を概括し、第2節で今後の課題と展望を論じる。

1 「18歳成年時代」のインパクト

1 成年年齢引き下げの意味

　一定の年齢を基準として法令上の権利義務を規定するアイディアは近代以降の平等主義や合理主義にもとづくものであるが、民法上、成年年齢には大別して2つの意味がある。

　第1は、売買契約など、単独で確定的に有効な法律行為を行うことができる点である。民法上、制限行為能力者である未成年者は、原則として単独で法律行為を行うことができず、法定代理人（親権者・未成年後見人）の同意を得ずに法律行為を行った場合、未成年の財産保護を目的とした「未成年取消権」の行使によって、事後的に取り消しが可能である（民法5条1項・2項）。この未成年取消権の存在は、「民法上の成年者と未成年者との最も重要な差異の一つ」とされる。

　第2は、親権者の親権に服さない点である。親権とは、未成年の子の監護・教育を行い、その財産を管理するために父母に与えられた身分上・財産上の権利義務の総称を指し、父母の婚姻中の親権は共同行使される（民法818条3項、「共同親権の原則」）。未成年の子の利益のために監護・教育する身上監護権（同820条）、生活の場所を指定する居所指定権（同822条）、職業に就く場合に親権者の許可を得る職業許可権（同823条）、財産を管理・保護する財産管理・代表権（同824条）等を好例とするように、未成年者は父母の親権に服することが法定されている（同818条1項）。他方、子の利益侵害の防止を目的に、親権喪失制度（同834条）、親権停止制度（同834条の2）、管理権喪失制度（同835条）等が存在している。

　これに対して、完全な行為能力者である成年者は、親権から解放され、自由に居所を定めたり、単独（自分の意思）でキャリア（進学や就職等）を選択・決定したりできるなど、契約における当事者性の担保と子の自立の実質化が法的に図られている。

2　成年年齢引き下げのインパクト

　民法の成年年齢は、他の法令でも資格取得に必要な基準年齢とされており、今次の改正に伴い変更された民法連動型の法令は124本にのぼる。民法以外では合計22本の法律改正が行われており、日本も「18歳基準」の法体系に移行しつつある。以下、成年年齢引き下げのインパクトを概括する。[4]

　第1は、法改正に伴う変化である。たとえば、携帯電話の購入やクレジットカードの契約に始まり、10年用一般旅券（パスポート）の取得、一人暮らしの物件契約やローン契約に至るまで、親の同意が不要となった。また、医師・薬剤師免許、公認会計士・司法書士等の国家資格の取得の他、古物業・自動車運転代行業・探偵業等の経営も可能である。さらに、性同一性障害の性別変更の審判請求や裁判員制度の裁判員選出の他、女性の結婚可能年齢の引き上げ、「特定少年」（重大事件で起訴された18・19歳）の実名・写真報道の対象化なども、大きな変化となる。

　第2は、成年年齢引き上げ後も変わらない事項である。たとえば、飲酒や喫煙は、健康被害や青少年保護の観点から、公営競技（競馬・競輪・オートレース・モーターボート競走など）の投票券の購入は、青少年の健全育成（特にギャンブル依存症リスク）の観点から、「20歳未満禁止」という現行の年齢制限が継続されている。[5]また、国民年金の被保険者資格、大型・中型自動車運転免許の取得、猟銃の所持、養子縁組の容認年齢、児童自立生活援助事業対象者年齢、特別児童扶養手当支給対象者年齢、指定暴力団等への強要加入禁止年齢も、変化はない。

　ところで、民法の一部を改正する法律は、本則と附則から構成されているが、以下では象徴的な事例として、本則と関わる婚姻開始年齢と養親年齢に関して概括する。

　その1に、婚姻開始年齢に関して、婚姻可能な最低年齢を指す婚姻適齢が、男性18歳、女性16歳から、男女ともに18歳となり（同731条）、「父母の同意」（同737条）や「成年擬制」（同753条）の規定も削除された。当該変更は、女性の婚姻の自由を制限する側面もあるが、婚姻条件として精神的・身体的成熟よりも社会的・経済的成熟を重視すべきであるという考えが定着しているという状況認識を根拠に、120年以上にわたる性差の結婚午齢格差が解消されるに至っ

た。なお、婚姻適齢の適用除外論（婚姻適齢に至っていない18歳未満の者が妊娠した場合、家庭裁判所が適当と認める場合に例外的に当該者の婚姻を認めるべきとする考え）に対しては、政府内では消極論が大勢を占めている。文科省は、2018年に通知「公立の高等学校における妊娠を理由とした退学等に係る実態把握の結果等を踏まえた妊娠した生徒への対応等について」（29初児生第1791号）を発出しているが、教育現場では生徒のキャリア発達に対する教育上の配慮が切に求められている。

その2に、養親年齢に関して、養親として養子縁組を行うことができる最低年齢は「20歳以上の者」が「成年に達した者」と規定されていたが、改正法はこの実質を維持することとした上で、「成年に達した者」という文言が改正法施行後は「18歳以上の者」を指すことになるため、「二十歳に達した者」は養子をすることができると表現が改められた。従って、養親年齢は20歳に維持されたままである。

2　成年年齢引き下げの論点

以下では、成年年齢引き下げをめぐる論点として、代表的なものを概括しておく。[6]

第1は、消費者被害に関する論点である。未成年者保護を目的とした未成年者取消権には、契約を事後的に無効とする「直接的効果」と未成年者との契約を事実上抑止する「間接的効果」が期待され、被害回復の有効手段、悪質業者に対する抑止力として機能してきた。[7] これが、未成年取消権が救済的側面から「後戻りの黄金の橋」や「消費者被害の特効薬」、予防的側面から「鉄壁の防波堤」や「消費者被害の予防薬」と呼称されてきた所以である。[8] したがって、未成年者取消権の喪失に対しては、悪質なマルチ商法、タレント・モデル商法、キャッチセールス、アポイントメントセールス、エステ等の美容・医療サービス、ネットを活用した商品購入等の被害拡大に伴う多重債務リスクの増大など、消費者トラブルの「若年化」が危惧され、さまざまな政策的対応が図られている。[9]

その1に、国では、子ども・若者育成支援（内閣府）、消費者教育（文科省、金

融庁、消費者庁）、法教育（法務省）、税の啓発活動（財務省）、金融経済教育（金融庁）等の推進・充実が図られつつある。契約行為における公序良俗違反（民法90条）、詐欺又は脅迫を理由とする取消（同96条１項）に対する理解啓発は、その代表例である。他方、自治体の多くは、消費生活行政の予算規模が僅少であり、「消費者市民社会」における自治事務としての消費者行政のあり方の検討が喫緊課題となっている。

　その２に、若者を自由な判断ができない状況に陥らせ、望まぬ契約を締結させる消費者被害のリスク増大に鑑みて、2018年に消費者契約法の一部改正が行われ、取消権の対象となる勧誘行為の整理と、行政処分の対象の明確化が図られた。事業者が契約締結の勧誘を行う際の「不安をあおる告知」や「恋愛感情等に乗じた人間関係の濫用」に対して、成年・未成年に関係なく、消費者は契約の申込みや承諾の意思表示の取消を可能とするなど、事業者の不当勧誘に対する取消権が付与された。この他、2022年に特定商取引法も改正されており、若者の被害が多いとされる詐欺的な定期購入商法の対策が強化された。「消費者」としての若年者に対する保護政策の展開に引き続き注視が必要である。

　第２は、教育現場での対応に関する論点である。文科省は、2019年12月17日に事務連絡「成年年齢に達した生徒に係る在学中の手続等に関する留意事項について」を発出、若年者は「成年年齢に達したとしてもいまだ成長の過程にあり、その社会的自立に対して支援をする必要がなくなるということを意味するものではない」との姿勢を表明し、成年年齢に達した生徒の父母等が学校教育法上の保護者に該当しなくなることを踏まえた留意事項を示している。すなわち、① 指導要録の取扱いに関して、今後、従来の「保護者の氏名」欄の「保護者」部分を「保護者等」や「父母等」等に改める必要があること、② 退学・転学・留学・休学の手続に関して、単独で校長の許可を得られるケースが生じた場合、生徒は成長過程にあることから、父母等の連署書類の提出は不要でも事前に学校・生徒・父母等の間で話し合いの場を設けるなど、父母等の理解を得ることが重要であること、③ 授業料等の徴収をめぐって、手続書類等の「保護者」の語に代えて「保護者等」、「父母等」、「生計維持者」等の語を用いるなど、授業料等の負担者の明確化を図り、支障を生じさせない対応を検討すること、④ 生徒指導・進路指導に関して、成年・未成年に関わらず、生徒の人格

を尊重し、個性の伸長を図りながら、家庭・地域と連携し、社会的資質や行動力を高めることを目指した指導が重要であること、⑤保健指導や健康診断結果の通知に関して、学校・家庭・地域の医療機関等が適切に連携しながら対応を図っていくことが重要であること等が示された。教育現場では、当事者たる生徒と共に、成人・成年・大人の異同に関する熟議を続けていく必要がある。

　第3は、若者の自立支援に関する論点である。親権対象年齢の引き下げに伴い、社会的自立（特に経済的自立）に困難を抱える18歳や19歳が親権者等の保護を受けにくくなり困窮リスクが高まるという懸念がある。また、成年年齢引き下げは親の養育義務の放棄を助長するとの指摘もあり、親権者保護が失われた場合の自立支援のあり方の検討が課題となっている。なお、2022年の児童福祉法改正により、自立援助ホームの入所者の年齢利用制限の弾力化が図られており、当該法改正が20歳まで自立援助ホームに入所していた者、児童養護施設等に入所していた者、里親等の委託を受けていた者にいかなる影響を与えるか、年齢上限撤廃後のセーフティネットのあり方は福祉実務の現場の衆目を集めている。

　第4は、養育費の支払期間に関する論点である。ここでの養育費とは、婚姻費用（民法760条）、子の監護に要する費用（同766条1項）、扶養義務（同877条1項）等を根拠とする、経済的に自立していない子の養育を目的として給付される金銭を指す。「未成熟児」（身体的・精神的・経済的に成熟途上の段階にあるため未だ就労できず、扶養を受ける必要がある子）に対する扶養義務は、「経済的な余力の有無を問わず自己と同程度の生活水準を保持させる生活保持義務」と解されている[11]が、国会では、施行日前に合意された養育費の支払期間に影響はなく、施行日後も支払い義務が生じるのは子が未成年である場合に限定されない旨が確認されている[12]。なお、成年年齢引き下げに伴い養育費の支払い期間が短縮された場合、子の進学機会が制約されたり、困窮家庭における虐待事案が増加する可能性があるという指摘にはより自覚的である必要がある。

　第5は、少年法改正に伴う「特定少年」に関する論点である。少年の保護・更生を主目的に据える少年法の運用においては、少年の人格の「可塑性」を踏まえて、罪を犯した少年には刑事処分ではなく保護観察等の保護処分が科されるなど、その更生が期待されている。これを受けて、2022年4月施行の改正少

年法の下でも、全ての事件を家庭裁判所に送致する「全件送致主義」にもとづく手続きや少年法の上限年齢（20歳）は維持されたままである。これは上限年齢を18歳とした場合、18歳や19歳の更生機会を剥奪してしまうリスクを重く見て、教育・保護的対応の重要性が改めて共有されたことによるものである。

　他方、改正少年法では、少年のうち18歳や19歳の者を「特定少年」として18歳未満の少年と区別し、「原則逆送」の対象範囲（殺人罪、傷害致死罪、強盗致傷罪、現住建築物等放火罪）を拡大、18歳未満の少年とは一部異なる手続きを設けている（少年法62条）。また、最高検察庁は、「特定少年」が公判請求（起訴）された事件のうち、裁判員裁判の対象となるような重大事件（殺人、強盗致死など）や、公表を求める社会的要請が高く被告人の健全育成・更生に与える影響が比較的小さいとされる事件に関しては、当該少年の実名や写真等を公表することを個別に検討すべきであると、公判請求時の事件広報のあり方に対する新たな「問い」を投げかけている（最高検察庁「少年法等の一部を改正する法律の施行に伴う事件広報について（事務連絡）」2022年2月8日）。公表後の報道の是非は、メディアが独自に判断することになっているが、18歳から「大人扱い」とする民法と18歳や19歳でも「少年」として扱う少年法が並立する中で、教育（健全育成や保護更生など）と刑罰のバランス、国民の知る権利や報道の自由の関係のあり方が問われている。なお、少年法等改正法は施行5年後に再検討を行うことが予定されている（同法附則8条）。

　第6は、成人式のあり方に関する論点である。成人式は埼玉県蕨町（現在の蕨市）で昭和21年に開催された成年式をルーツとし、昭和23年の国民の祝日に関する法律の成立を受けて「成人の日」が定められたことを契機として普及した。現在、式の法的根拠はなく、各自治体等の判断で実施方針（時期・出席年齢）が決定されているが、「成人の日」は高校3年生にとって大学入試時期と重なり、受験生の多くが参加を見合わせる可能性が高いことや、「成人式ビジネス」に関わる着物業界・美容業界への影響（着物のレンタル、美容室や写真館の利用など）の大きさなどから、その対応が引き続き模索されている。

おわりに
——「18歳成年」の名宛人——

消費者庁、法務省、金融庁等は、教育現場での教材やリーフレットの作成、特設サイトの開設等を通して、「無防備な弱者」、「脆弱な消費者」たる若者が、消費者トラブル（クレジットカードの名義貸しや不正利用、マルチ商法等の儲け話、高額な医療契約など）に巻き込まれることを未然に防ぐ取り組みを先行させている[13]。消費者ホットラインが全国共通の3桁の電話番号188（いやや）になったことや、性犯罪・性暴力に関する相談窓口が全国共通の相談ダイヤル（♯8891はやくワンストップ）として開設されていることは、より知られてよい[14]。以下、今後の展望を記す[15][16]。

第1は、若者に対する社会の眼差しに関してである。啓発は、若者世代の自己決定権を尊重し、社会参加を促そうという期待感の表れであり、教育的機能を果たし得る。他方、若者世代は「保護されるべき存在」から「自立した存在」へ位置づけ直されることから、「権利を得たからには義務を果たすべきで、自己選択・決定できるだけの知識や能力を持っているべきである」と、早期の自覚を迫るメッセージが世に溢れつつあり、ナイーブな自己責任論には注意が必要である。たとえば、共に「危険」と表現される「リスク」と「ハザード」は、異なる概念である。親心や老婆心、良かれと思って先行して行われる啓発は、全ての危険を「高リスク」のものとして若者に錯覚・曲解させてしまうことも少なくない。個人の軽率な行為を思い止まらせる効果として期待できる一方、過度に不安を煽ると、新しい社会を創造していくための自由で主体的なチャレンジをも制約し、若者世代の躍動感を結果として萎縮させてしまう可能性がある。改めて「リスク（確率的な危険度）＝ハザード（潜在的危険性）×頻度（発生確率）」という公式を踏まえておく必要がある。

第2は、大人が果たすべき役割に関してである。18歳成年時代の到来は、18歳を境界に法的責任が問われる主体、換言すれば、「権利主体」だけでなく「責任主体」としての振る舞いが期待されることを意味する。他方、「自立すべき存在」として早期に社会的責任を果たすべきであるとする論調が強まる一方

で、「自立した存在」として若者に活躍してもらうために、大人に何ができるのかという論点が後景に退いているきらいがある。大人に仲間入りする「新参者」を認め育て支え、そのことを通じて大人の価値観をもアップデートし社会制度を再構築していこうという視点が乏しいのである。たとえば、これまで18歳～20歳の間に張り巡らされていたセーフティネットはスムーズに移行し得るのか、継続的支援を要する若者に対するケアが「自立」の名の下にこぼれ落ちていないか、若者世代の社会的自立を支援する関係者から様々な懸念がすでに表明されている。「自立」の対義語は辞書的には「依存」とされるが、「孤立」ではない。「自立」は、孤立無援を意味しないのであり、ナイーブな自己責任論の強調・貫徹は、若者を「孤立」させ「無縁」な境遇へと追いやり、分断社会の溝を広げてしまう恐れもあることに改めて留意が必要であろう。「自立」のためにこそ、複数の「依存」先が必要なのである。

　大人の役割は、未来社会の創り手である若者を甲板から荒波へ投げ込むことにあるのではない。18歳成年時代が問うているのは、大人社会に参入する若者の準備状態の如何だけでなく、大人の当事者意識と見識の水準、そして、責任の果たし方なのである。[17]

注
1 ）拙稿「18歳選挙権時代における主権者教育の課題と展望」（伊藤良高編『教育と福祉の基本問題――人間と社会の明日を展望する――』晃洋書房、2018年、137-149頁）も参照のこと。
2 ）太政官布告41号では「自今満弐拾年ヲ以テ丁年ト相定候」と規定されていた。なお、政府の法制審議会民法成年年齢部会第13回会議で示された資料「世界各国・地域の選挙権年齢及び成人年齢」では、成年年齢に関する調査結果がある187の国・地域で成年年齢を18歳以下としているのは、約80％の141カ国と示されていた（2008年 8 月 5 日時点）。
3 ）『第196回国会参議院法務委員会会議録』17、2018年 6 月14日、 6 頁。
4 ）法務省「民法の一部を改正する法律（成年年齢関係）について」（https://www.moj.go.jp/content/001300586.pdf、2023年 8 月17日閲覧）も参照のこと。
5 ）なお、スポーツ振興くじの購入は19歳で、カジノ施設（国内未設置）の入場は20歳となっている。この意味でも、年齢制度の改革は、未だ過渡期にあるといってよい。
6 ）当該記述は、以下の著作も踏まえて概括したことをあらかじめ断っておく。飯田泰士『民法　成年年齢の20歳から18歳への引き下げ――2018年 6 月13日成立「民法の一部を

改正する法律」対応——』（五月書房新社、2019年）、笹井朋昭・木村太郎編『一問一答・成年年齢引下げ』（商事法務、2019年）、神内聡『大人になるってどういうこと？——みんなで考えよう18歳成人——』（くもん出版、2022年）、南部義典『図解超早わかり18歳成人と法律』（シーアンドアール研究所、2019年）、南部義典『教えて南部先生！18歳成人Q&A』（シーアンドアール研究所、2022年）、日本弁護士連合会消費者問題対策委員会『狙われる18歳！？——消費者被害から身を守る18のQ&A——』（岩波書店、2021年）、辺見紀男・武井洋一・山田美代子編『民法成年年齢引下げが与える重大な影響』（清文社、2017年）。

7）辺見ほか編、前掲注6）、39頁。

8）日本弁護士連合会消費者問題対策委員会、前掲注6）。

9）たとえば、当初18歳、19歳の若者の被害防止・救済を目的として論議がスタートした、いわゆる「AV（アダルトビデオ）出演被害防止・救済法」（2022年6月成立）は、最終的には年齢・性別に関係なく救済措置が図られることとなった。

10）より広義の教育の課題に関しては、田中治彦「18歳『成人』と教育の課題」『教育学研究』84（2）、2017年、168-179頁も参照のこと。

11）辺見ほか編、前掲注6）、74頁。

12）『第196回国会衆議院法務委員会議事録』11、2018年5月11日、3頁。

13）ノルベルト・ライヒ（角田美穂子訳）「EU法における『脆弱な消費者』について」『一橋法学』15（2）、2016年、469-498頁も参照のこと。

14）たとえば、次の取り組みがある。

　　総務省：「私たちが拓く日本の未来」（副教材）、消費庁：「社会への扉」（消費者教育教材）、「18歳から大人」特設ページ、法務省：「18歳を迎える君へ」（法教育リーフレット）、「大人への道しるべ」（成年年齢引下げ特設ウェブサイト）、金融庁「基礎から学べる金融ガイド」、「18歳までに学ぶ契約の知恵」、「金融経済教育（高校授業副教材）」。

15）国民生活センターは、「18歳・19歳に気を付けてほしい消費者トラブル最新10選」をまとめ、ホームページ上で公表している（https://www.kokusen.go.jp/news/data/n-20220228_1.html、2023年8月17日閲覧）。

16）以下の記述は、拙稿「『18歳成人年齢時代』を前に」『信濃毎日新聞』2021年10月20日に多くを負っている。

17）広井は、「18歳成年制は、若者にメンバーシップ（権利・責任・資格・役割）を保障することによって、どのような社会を構想するのかという社会構想、制度構想の課題として位置づけられるべき」と指摘している（広井多鶴子「成年年齢と若者の『精神的成熟』——民法と少年法の改正をめぐって——」『実践女子大学人間社会学部紀要』6、2010年、30頁）。

第4章
「公教育像」と教育権能
—— 日本国憲法の射程と「自由」 ——

はじめに

　日本国憲法はそれ独自の公教育像を想定しているのか。この点について、憲法学者の樋口陽一は、公教育像の具体的な法的規範が示された判例として旭川学力テスト事件最高裁判決を挙げ、そこでは「自由かつ独立の人格形成を妨げるような国家介入」が行われた場合に日本国憲法第13条や第26条違反となる可能性がある旨の判断が示されているとし、公教育の価値の規範を日本国憲法に求めうることの根拠として例示している。仮に樋口の指摘を法理論として確立するとすれば、今日なお、憲法学や教育法学において理論が確立しているとは言い難い教師の教育の自由や主権者教育権の理論にも相応の示唆を与えることとなるだろう。そこで、本章では、戦後の教育権論争を経た今日の日本において、日本国憲法の解釈から導かれうる公教育像について考察する。

1　教師の教育の自由の憲法上の根拠をめぐる論争

1　教師の教育の自由の法的根拠

1　旭川学力テスト事件における判断

　日本における教師の教育の自由に関する解釈論上の問題は、戦後の日本の教育裁判で展開した「国民の教育権」概念と密接な関係を持つものといえる。「国民の教育権」理論とは、公教育の教育内容決定権をめぐって争われた教育権論争において「国家の教育権」に対して構築された理論であり、教師の教育の自由はその中核を担う概念であった。この論争の主要な争点は、教育学者の宗像誠也が提示した内外事項区分論にもとづく教育内容決定権の所在、つまり

国家が教育内容にどこまで関与することができるかという点であり[4)]、これに付随して教師の教育の自由の憲法上の根拠をめぐる論点についても議論が提起されることとなった[5)]。大学等における教授の自由は憲法第23条によって保障される一方、小中高校等の初等中等教育機関の教師の教育の自由には一定の制約が課される根拠について、旭川学力テスト事件最高裁判決は、大学に在籍する学生に比べ、小中高校等の児童生徒においては批判能力が十分に備わっていないこと等を理由として（小中高校等の）「教師に完全な教授の自由を認めることは、とうてい許されない」とする判断を示している。この判決では、憲法第23条の「学問の自由」の規定で保障される「教授の自由」が小中高校等の教師に対しては制約されうる理由として、大学の学生に比べ小中高校等の児童生徒はその発達途中の段階にあって批判能力が十分に備わっていないこと、そして小中高等学校においては全国的に一定水準の教育内容が要請されていること等が挙げられている。

2 学説

　この点、小中高校等における教師の教育の自由をめぐっては学説でも鋭い見解の対立がある。

● 否定説

　小中高校等の教師の教育の自由について、かつての日本の憲法学では、憲法第23条の「学問の自由」が初等中等教育機関にも及ぶかという論点につき、これを否定する見解が有力であった。憲法学者の高橋和之が「戦後初期の日本国憲法の解釈論に大きな影響を与えた[6)]」と評する法學協會の『註解日本国憲法（上巻）』においては、「教育の本質上、教材、教育内容や教育方法の画一化が要請される」こと等を理由として教師の教育の自由を否定する見解が示されている[7)]。また、同じく奥平康弘も、教師が「学校設置者の agent（機関）として、子供たちと接する。教師の『教育権』」は、こうした制度的な制約のもとにおいてのみ成立するものであるから、権利というよりは、権限である」とし、「それ自体はけっして憲法上の権利でもない。憲法以下的法規範が創設する実定法上の権限である」として、憲法上の権利性を否定している[8)]。

● 憲法第23条説及び憲法第26条複合説

　しかしながら、1960年代から宗像らにより「国民の教育権」理論が構築され

る中で、教育法学界・教育学界から提唱された小中高校等の教師の教育の自由
の理論が次第に憲法学界においても提唱されるようになり、一定の支持を得て
行くこととなる。「国民の教育権」理論の礎となった宗像の理論は、憲法第23
条にもとづいて小中高校等の教師の教育の自由の保障を求めるものであり、そ
の理論を受け継ぐ教育学者の堀尾輝久もまた、教育の本質、教師の専門職性そ
のものが教授の自由と研究の自由を要請しているとの見解を示した。こうした
憲法第23条の「学問の自由」規定の解釈として、憲法学の立場から小中高校等
の教師の教育の自由を説いたのが有倉遼吉であった。有倉は、前述の法學協會
の『註解日本国憲法（上巻）』における第23条にもとづく教育の自由の否定論に
対し、「二十三条が大学における『教授の自由』に限定される理由はない」と
して第23条にもとづく小中高校等の教師の教育の自由の保障を提唱したうえ
で、「『教授の自由』が制限されるのは、ただただ被教育者たる児童生徒の学習
権ということからのみ説明されるべきことなのである」とし、「ただ第26条の
『教育を受ける権利』から一種の制約を受ける場合があるとするものと解せら
れる。すなわち、人権相互間の調整としてとらえられる」との見解を示した。
また、堀尾とともに近代公教育法制の成立史に関する見地から「国民の教育
権」理論の展開を支えた公法学者の兼子仁もまた、憲法第23条によって小中高
校等の教師の教育の自由が保障されるという前提の下、そのことが第26条の教
育を受ける権利の保障の一環を成すとの見解を示している。すなわち、兼子は
「学校教師に人権としての教育権の保障があるか否かは、従来、憲法23条の
『学問の自由』のなかに学校教師の自由が含まれるかという形でのみ論じられ
る傾きがあった」としたうえで、「たしかに、真理を教育する真理教育の自由
という意味での『学問の自由』とのむすびつきが有るが、学校教師の『教育の
自由』はより広く、文化をになう国民としての文化的教育の自由や、子どもの
成長発達を見定めていく専門的教育の自由をも意味するものと考えられる」と
し、「子どもの教育をうける権利の保障（憲法26条）の一環を成すという意味で
教育人権性を有している」と指摘した。両者の見解は、有倉が第23条の教育の
自由の制約根拠として第26条の「教育を受ける権利」を位置づけるのに対し、
兼子は第23条において教育の自由を保障することで第26条の教育の自由が保障
されるとする点で差異はあるものの、小中高校等の教師の教育の自由が第23条

42

のみならず、第26条との関係において保障されるべきとする点で同じ方向性を志向するものと見ることができる[13]。

● 「主権者教育権」論にもとづく憲法第26条中心説

一方、こうした教師の教育の自由を「主権者教育権」論の立場から「人権としての教育の自由」論、言い換えれば「"教育を受ける権利"の保障を要求する自由としての、人権としての"教育の自由"論[14]」として説いたのが永井憲一である。永井は、憲法において生存権（第25条）の次に規定された教育を受ける権利（第26条）は前条の具体的な手段として国民に保障されたものであり、自立して生活する基礎能力を保障するためのものとして教育を受ける権利を位置づけ、「憲法26条と教育の自由との関連を論理的に明確にする作業」として次のような見解を示している。すなわち、「従来のような法制度論としての国家権力の教育内容の干渉の排除のための"教育の自由"論は、その一層根底的な面での論理を固め、今後において"国民の教育権"を現実に形成するために、"教育を受ける権利"の保障を要求する自由としての、人権としての"教育の自由"論を展開させていかなくてはならない[15]」とし、そのためには、1つに「"学問の自由"という用語を"教育の自由"に換えても、この論旨を変える必要は全くない」として憲法第23条の保障が小中高校等の教師にも及ぶと解して有倉や兼子と共通する認識を示した。また、2つに「教育を受けることは、労働による生存とそれにより人間らしく生活を営む基礎能力を修得し、また自ら平和で民主的な国家を形成し、それを維持しうるようになるためであり、一人ひとりがそのような国民となりうるような条件を充足しうるための要求を含む"教育の自由"が保障されなければならない」とし、第26条で保障された「教育を受ける権利」として子どもが「平和で民主的な国家を形成し、それを維持しうるようになるため」に教師の教育の自由が保障されるものと解したのであった。永井の理解は、教育を受ける権利は文化的生存のための教育保障として「個々の国民が自覚された政治主体（主権者国民）として判断し行動しうる能力をもつためのもの」でなければならないとする主権者教育権説（教育内容要求権説）として説明されるものである[16]。永井の見解もまた、第26条を主権者教育権（教育内容要求権）として捉える点を除けば、有倉や兼子と同様に第23条と第26条にもとづく複合的な保障として教師の教育の自由を見立てるもので

ある。したがって、教師の教育の自由に関する学説は、第23条の「学問の自由」の保障が一定程度及ぶことを前提としつつ、第26条をも根拠とする複合的な法的性格を有する権利として捉えるのが「国民の教育権」理論の立場に立つ論者の共通した認識であった。[17]

2　第26条を教師の教育の自由保障の根拠とすることへの批判

　教師の教育の自由の憲法上の根拠として第26条を位置づける見解に対しては、教師の教育権限が広範に捉えられることから、これを批判する立場もある。憲法学者の内野正幸は、「教師の教える自由にたいする違憲の制限がおこなわれた場合、それは、いつでも、同時に、子どもの教育を受ける権利にたいする違憲の侵害になっているはずである」とし、「なぜなら、この場合、憲法26条1項にいわれる『教育』が実現されたとはいえなくなるからである」と指摘する。[18]つまり、内野は第26条の教育を受ける権利の一部として教師の教育の自由が保障されると考える場合、教師の教育の自由を制限する規制は違憲となる可能性が高まり、それは同時に自由な「教育」を阻害し、子どもの「教育を受ける権利」を阻害する違憲な規制ともなりうるという立場を採るのである。もっとも、公教育が目指す公教育像や教えるべき一定の知識や価値が存在する（日本国憲法から導かれうる）と考えるならば、教師の教育の自由が第26条によって保障されると解したとしても、必ずしもそれは広範すぎるものとはなりえず、同時に、違憲な規制か否かは当該公教育像の完成のための教育が実施されているのか否かという基準の下で規定されうるはずである。つまり、第26条を根拠に教師の教育の自由を導き出すことができるか否かは、日本国憲法の下で公教育像が想定されているか否かという点によって判断されるべき事柄といえよう。

2　「主権者教育権」理論と憲法価値教育

1　第26条の教育内容要求権としての解釈

　そこで、日本において小中高校等の教師の教育の自由の憲法上の根拠を検討するうえで改めて問題となるのは日本国憲法第26条の解釈である。前述したと

おり、「国民の教育権」理論において、当初は小中高校等の教師の教育の自由が第23条の「学問の自由」規定がその論拠とされていたのに対し、次第に第26条と併せ憲法上の複合的な論拠にもとづいて保障されるものと捉えられるようになった。このような「国民の教育権」理論の展開の中で、第26条を教育内容要求権及び主権者教育権と捉える見解を示した永井は、憲法第26条の教育を受ける権利を「〔教育を受ける権利は、〕国家権力の政策ないし行政に対する積極的な教育内容までにわたる要求権をも含む」とする解釈を示した。そしてこの見解は、教育内容要求権説、あるいは日本国憲法に掲げられた諸原則に関する知識や価値を修得した主権者になるための権利という意味での主権者教育権論と評され、憲法学界を中心に一定の支持を得ることとなったのである。永井の見解は、日本国憲法の価値を普遍的価値と位置づけ、その憲法価値に沿う教育内容を要求する権利として第26条の規定を解釈するものであるが、他方で新たに公教育における価値教育をめぐる論争が提起されることとなった。

2 第26条にもとづく憲法教育（憲法価値教育）論争

　永井の教育内容要求権説に対しては、次のような批判が寄せられている。1つは、有倉遼吉の「教育方法・内容に関する事項については国は教育を受ける権利要求の相手方とはなりえない」とする批判である。有倉の指摘は、「国民の教育権」理論において、教育内容・方法に関しては「国の行政権力の権力的関与の排除」が要求されている以上、その相手（国家）に対して特定の教育内容要求を行うことは「矛盾」だというものである。この有倉の批判に対して、永井は、学校教育法の制定当初、監督庁を「当分の間」文部大臣とすることを規定していたことを挙げ、急速な法制度の転換に対応するための"特殊日本的"な戦後の教育基本法制の事情を考慮する必要があり、自説は国家の教育権説に近似するものではないと反論している。2つ目の批判は、永井の教育内容要求権が、憲法・教育基本法制の下で前提とする公教育のモデル、より端的にいえば日本国憲法の価値にもとづく教育内容を要求する権利と捉えている点を問題視する見解である。兼子によれば、教育内容に法規範をもうけること自体が問題であり、教育内容は教科教育学などの教育学の研究成果によって定められるべきもので、憲法は教育内容を拘束するものではないとして、憲法に沿う

教育内容を要求する権利の規範性を否定する。また、憲法学者の成嶋隆は、憲法の規範的要請に従った憲法教育は現存の体制維持の機能を内包し、体制超越的な機能を有する教育の本質に反するとして、「日本国憲法の原理を活かした教育でありえているかどうかが教育論・教科教育法の重要課題となりうる」ものの、「事が教育内容である以上、日本国憲法の内容がそこでいかに教育的にうけとめられるべきか（法規範としてでなく教育内容指針としての日本国憲法）という教育理論上の問題であって、憲法なるがゆえにすべて当然に教育内容を法的に拘束する効力をもつとは解されない」と指摘する。成嶋は「教育を通じて国民に憲法価値を注入し、そのことにより既存の憲法秩序（国家体制）を保持しようとする契機が含まれている」ならば、それは憲法の一種の越権行為であると批判し、公教育における憲法価値教育そのものを否定している。

3　日本国憲法とその公教育像

1　国家の教育権能と日本国憲法

　戦後の日本の教育権論争を経た今日、日本における教育の自由の意義の捉えられ方について樋口陽一は「近代立憲主義の『国家からの自由』は、人民の意思による国家権力の掌握があったうえで、国家権力＝自分たちの意思をもあえて他者として見る緊張関係のうえに成立してきたはずである」とし、統治の「主体」としての「citoyen（市民）」と「客体」としての「homme（人）」の関係が公教育に鮮明に表れるものだと指摘する。これは、「citoyens の意思（選挙の結果）」によって正統性を持った権力（国家）が、権力から自由な homme と共に権力の主体的な担い手となる citoyen を創出するという公教育の構造として説明することができる。そのうえで、「教育『権』という言葉の使い方は、およそ教育というものが持たざるを得ない権力性を、期せずして表現している。近代憲法の理念という、それ自身たしかに一つの価値にほかならぬものを、次世代の社会構成員の間に定着させようとすることの権力性である。しかしその権力を人民自身が掌握してはいない－普通選挙の実現と一定の表現の自由にもかかわらず、なのだが－という認識が、『国民』の教育『権』を『国家の教育権』と対抗的に主張せざるをえなくさせていた」と見立てる。つまり、

戦後日本の教育権論争を踏まえたこの樋口の教育の自由に関する見解は、公教育を「自由への強制」と捉えるものであり、同時に公教育が依拠する知識や価値として憲法を前提とする点においても、日本国憲法の下での公教育像をその解釈から積極的に導き出そうとする見解として位置づけられるのである。

2 公教育の規範としての日本国憲法

　樋口は選挙の公正さといった点でも先進民主主義国の中でも模範的な枠組みを構築している戦後の日本において、「人民の意思による国家権力の掌握」という前提は充たされている（樋口は別稿においてこれを「行政権までの民主主義」と名づけている[34]）と評している。そのうえで、「自分たちの意思をもあえて他者として見る緊張関係」の下での教育権論争で争われたのは、日教組を中心とする「国民の教育権」説が「日本国憲法という一つの価値規範を伝える、それを邪魔するなという、一定の価値内容の主張」[35]であったと分析しつつ、日本の公教育の法的規範を日本国憲法に求めることの正統性を指摘する。すなわち、表現の自由が保障され、民主主義の機能としての選挙制度が整備されている日本において、citoyen の意思にもとづいて構成された人民 (peuple) としての権力（国家）が公教育に関わることを肯定し、その権力行使の限界（規範）として憲法典、つまり日本国憲法に掲げる理念や価値を想定するのである。こうした樋口の見立てがフランスの公教育の成り立ちを前提としていることは明らかであるが、公教育の規範の拠りどころとして憲法を積極的に位置づけようとする点において、日本の憲法価値教育論争に一定の示唆を与えるものであろう[36]。

おわりに

　戦後の教育権論争を経てもなお、公教育における憲法価値教育論争は長らくその決着を見ないまま今日に至っている。公教育が樋口のいう「自由への強制」としての側面を有すると考えるならば、公教育が依拠するべき規範を積極的に模索することがより建設的な議論の立て方であろう。フランスの公教育における憲法教育等を比較法的見地等からしても[37]、樋口らの示唆を受けた憲法価値教育の理論の再構築が今後待たれるところである。

注

1）最高裁判所昭和51年 5 月21日大法廷判決、最高裁判所刑事判例集、30（ 5 ）、615頁。

2）樋口陽一『憲法という作為――「人」と「市民」の連関と緊張――』（岩波書店、2009年、87-88頁）、樋口陽一・杉田敦・西原博史ほか『対論　憲法を／憲法からラディカルに考える』（法律文化社、2008年、50-60頁）（樋口発言）。

3）「国民の教育権」理論の創始は宗像誠也によるものと評されている。このことを指摘する文献として、古田栄作「戦後日本における『国民の教育権』論の系譜」（『大手前女子大学論集』 9 、1975年、235-237頁）、大西斎「教育権論争をめぐる学説の変遷とその法的検討」（『国際公共政策研究』13（ 1 ）、2008年、308-309頁）、君塚正臣「社会権としての『教育を受ける権利』の再検討――その過拡大論再考の提言――」（『横浜国際社会科学研究』15（ 5 ）、2011年、524頁）。

4）この点、永井憲一『憲法と教育基本権　新版』（勁草書房、1985年、34-35頁）、中村睦男「教育権理論史と憲法」（ジュリスト増刊『教育――理念・現状・法制度――』、1978年、81頁）、時津啓『『国民の教育権』論の展開とその教育学的含意――主権者教育権論を中心に――」（『広島文化学園大学学芸学部紀要』 1 、2011年、63-73頁）等参照。

5）橋本一雄「『国民の教育権』説再論――教師の教育の自由をめぐる憲法理論の再構築――」、伊藤良高編『教育と福祉の基本問題――人間と社会の明日を展望する――』晃洋書房、2018年、54-63頁。

6）高橋和之『立憲主義と日本国憲法』有斐閣、2005年、376頁。

7）法學協會編『註解日本國憲法（上巻）』（有斐閣、1948年、460頁）、宮沢俊義『憲法Ⅱ（新版）』（有斐閣、1971年、396頁）。

8）奥平康弘「教育を受ける権利」芦部信喜編『憲法Ⅲ人権（ 2 ）』（有斐閣、1981年、417頁）。この点に関連して、「教師の教育の自由」が「人権」と捉えられるべきなのか、それは「職務権限」なのかという点で学説には争いがあるが、ここではその論争には立ち入らない（これを人権と捉える代表的な学説として、兼子仁『教育法〔新版〕』（有斐閣、1978年、273頁）、職務権限と捉える学説として奥平、同上書、416-418頁等がある）。

9）戦後の日本における教師の教育の自由の憲法上の根拠をめぐる学説の分類と推移については、中村睦男『憲法 30講』（青林書院、1984年、132-139頁）、荒井誠一郎『教育の自由――日本における形成と理論――』（日本評論社、1993年、223-250頁）、内野正幸『教育の権利と自由』（有斐閣、1994年、125-130頁）、圓谷勝男「学問の自由と教育の自由」『東洋法学』43（ 2 ）（2000年、101-125頁）参照。

10）宗像の理論を継承しつつ、人間の発達にとっての文化と学習の意義を踏まえて発展させたのは堀尾輝久であった（堀尾輝久『現代教育の思想と構造』岩波書店、1992年、

185-202頁）。しかし同時に、公教育を親義務の共同化と位置づけ、その受託者を教師と位置づけた堀尾の学説は、その影響力の大きさからも日本における教育の自由がいっそう「教師の教育の自由」として語られる一因になったとの指摘もある（君塚、前掲注３）、525頁）。

11）有倉遼吉「憲法と教育——憲法26条を中心として——」『公法研究』32、1970年、4-5頁。

12）兼子仁『教育法（新版）』有斐閣、1978年、273頁

13）なお、教師の教育の自由をめぐる学説としては、他に、憲法的自由説、憲法21条の表現の自由を根拠とする説（内野、前掲注９）、126-130頁等参照）がある。

14）永井、前掲注４）、62頁。

15）永井、前掲注４）、62頁。

16）中村睦男・永井憲一『生存権・教育権』法律文化社、1989年、182-183頁、282-286頁（永井執筆）。

17）前掲注16）、286頁。

18）内野、前掲注９）、125-126頁。

19）「『社会権』といってもそれは『自由権』を基礎にするものである」として、社会権と解釈されていた教育を受ける権利の自由権的側面に言及したのが中村睦男であった（中村睦男「フランスにおける教育の自由法理の形成（一）——フランス革命期における教育の自由——」『北大法学論集』23（２）、1972年、39頁）。中村の見解は今日の憲法学において通説的な地位を得ている。

20）永井憲一『憲法と教育基本権——教育法学のために——』勁草書房、1970年、273頁。

21）内野、前掲注９）、206-208頁参照。なお、永井の学説に対して、有倉遼吉からは運動論と法律論を混同したものとして法律論として不適当であるとの批判もなされている（有倉遼吉『憲法理念と教育基本法制』成文堂、1973年、67頁）。

22）本章で取り上げる教育内容要求権説に対する批判と近年の議論の状況については、寺川史朗「教育権論の現代的展開——今日的「教育改革」とのかかわりで——（二・完）」（『三重大学法経論叢』22（１）、2004年、43-70頁）、亀山守夫「憲法教育」（『千葉商大論叢』54（２）、2017年、247-257頁）に詳しい。また、憲法価値教育をめぐる論争については、戸波江二「教育法の基礎概念の批判的検討」（戸波江二・西原博史『子ども中心の教育法理論に向けて』エイデル研究所、2006年、32-44頁）、西原博史「憲法教育というジレンマ——教育の主要任務か、中立的教育の例外か——」（同書、84-89頁）を参照。

23）有倉遼吉「国民の教育権と国家の教育権」『季刊教育法』１、1971年、4-17頁。

24）永井、前掲注４）、66-72頁。

25) 兼子、前掲注12)、195-197頁。

26) 成嶋隆「教育と憲法」、樋口陽一編『講座　憲法学 4 』日本評論社、1994年、124頁。

27) 前掲注26)、123頁。

28) 前掲注26)、123-124頁。

29) この点に関連しては、憲法学者の今野健一もまた「フランスの共和主義的学校モデル
を貫流する考え方と酷似している」とし、「共和主義国家は、学校での公民教育を挺子
にして国家の価値理念の普及を図り、国民と公民を創出して共和制の基盤を固めた」の
であり、永井の見解は「国家教育権」論に通底する論理が含まれているとの批判もある
（今野健一『教育における自由と国家——フランス公教育法制の歴史的・憲法的研究
——』信山社出版、2006年、341-343頁)。

30) 樋口陽一「憲法学の側から〈自由〉の問題状況〈特集〉——（自由をめぐる知的状
況）——」『ジュリスト』978、1991年、20頁。

31) 樋口ほか、前掲注 2)、 9 -11頁、参照。

32) この点に関する論考として樋口ほか、前掲注 2)、50-52頁（杉田及び樋口発言）参
照。

33) 樋口ほか、前掲注 2)、10頁。

34) 樋口ほか、前掲注 2)、67-71頁参照。この部分で、樋口は「行政権までの民主主義」
とは高橋和之のいう「国民内閣制」が典型的な「行政権までの民主主義」であるとして
いる。高橋の「国民内閣制」とは選挙を通じた国民の意思が内閣まで反映される仕組み
と概括することができる。樋口の「行政権までの民主主義」を論じた著作として、樋口
陽一『現代民主主義の憲法思想——フランス憲法および憲法学を素材として——』（創
文社、1977年)、高橋の「国民内閣制」に関しては、高橋和之『国民内閣制の理念と運
用』（有斐閣、1994年）が代表的な著作である。

35) R. ドゥブレ・樋口陽一・三浦信孝ほか『思想としての〈共和国〉——日本のデモク
ラシーのために——増補新版』（みすず書房、2016年、238頁)（樋口発言)。

36) 前掲注35)、89-90頁に加え、樋口ほか、前掲注 2)、50-60頁（樋口発言）も参照。

37) 憲法価値教育に関するフランスとの比較として、大津尚志「フランスの中学（コレー
ジュ）における憲法教育」（『中央学院大学人間・自然論叢』26、2008年、195-205頁)、
橋本一雄「フランス公教育における『共和国の価値』概念の変容——公教育のライシテ
と『教育の自由』——」（『上田女子短期大学児童文化研究所報』34、2012年、15-44頁)
等参照。

第5章
特別支援教育コーディネーターの活動
——保育現場の課題と限界——

はじめに

　2006年3月の学校教育法の一部改正により、特殊教育が2007年4月から特別支援教育に転換された。この特別支援教育の本格的実施に伴い、すべての「学校」に特別支援教育コーディネーターの配置が求められるようになった。各学校の校長が、特別支援教育のコーディネーター的な役割を担う教員を特別支援教育コーディネーターに指名し、校務分掌に明確に位置付けることになっており、現在ほとんどの公立の幼稚園や学校において、特別支援教育コーディネーターが配置されている。しかし求められる資質や役割が曖昧なことや、うまく機能しないという現場の声も多い。小中学校のコーディネーターに関しては、これまで多くの先行研究があり、そのニーズや悩み、支援効果等が、あらゆる視点から論じられてきた。しかしながら、幼稚園のコーディネーターに関する研究はきわめて少なく、その推進や発展のための研究が求められる。ここでは、小中学校における実践や課題を参考にしながら、特別支援教育コーディネーター創設から現在に至るまでの時期毎の成果と課題について概観し、当初求められていた期待とその限界について考察する。また、特別支援教育コーディネーターのモデルとなったイギリスのSENCO（Special Educational Needs Coordinator、以下、SENコーディネーター）の機能にもふれる。イギリスの特殊教育の制度のもとに資格化されているSENコーディネーターとの相違点を概観することにより、日本の特別支援教育コーディネーター制度の課題について明確にする。そのうえで幼稚園におけるコーディネーターの役割やあり方について検証する。

1　特別支援教育コーディネーターに関するこれまでの研究

　特別支援教育コーディネーター（以下、コーディネーター）は当初、学校内外の連絡調整や保護者窓口、担任支援、校内委員会での推進役等、さまざまな役割が期待されていた。指名が求められるようになり各学校への配置が進んだことで、校内の支援体制は充実し、チームで支援する風土が根付いたことは評価点である。しかし多忙な学校現場ではコーディネーターに関して、教職員の意識の差はもとより、担う役割や活用に関する悩みが取り上げられるのも現状である。宮木秀雄・木舩憲幸は、小中学校のコーディネーターがさまざまな悩みを抱えていることを明らかにしたうえで、なかでも人員不足や業務負担等が多くのコーディネーターにとっての共通した悩みであることを示し、コーディネーターの精神的健康を脅かしかねない、としてコーディネーターを支援していく議論を求めている。[1]多くの学校ではコーディネーターは1名であることが多く、人員不足や業務負担の多さだけが課題とされがちである。しかし重要なのはコーディネーターの校内における地位や役割を明確にし業務を精選していくことだとしている。[2]さらに宮木は、通常の学校では校種や学校環境、キャリアの影響により、悩みに差異があることも明らかにしている。学級担任がほとんどの教科を教える小学校と教科担任制の中学校を比較しただけでもその違いは明らかで、校種に応じたコーディネーターへの支援のあり方の検討を指摘している。[3]このようにコーディネーターに関する研究は、小中学校を対象としたものが多く、幼稚園や高等学校における研究はきわめて少ない。宮木は、調査対象も公立学校となることが多いため、その大半が私立である幼稚園については私立や国立を含めて調査することの必要性も述べている。[4]松山寛は、「幼稚園は小学校や中学校に比べて、公立の学校が少なく園を超えたコーディネーターの育成が難しい[5]」と述べており、園の中でコーディネーターの機能が果たせていない現状を指摘している。以上のような経緯から幼稚園においても保育現場ならではの悩みを抱えていることが予想される。

　筆者も2016年から2017年にかけて、幼稚園における特別支援体制の構築について研究した際に「コーディネーターの機能が十分に発揮できていない」こと

52

が課題であることを明らかにし、幼稚園の支援体制の実態や取り組みについてさらに調査していくことが必要であることを示した[6]。ここでは、創設期から今日に至るまで長年解決しないコーディネーターに関する課題について、小中学校の実践の課題を参考に検討する。

2 発案・創設〜膠着期

　特別支援教育コーディネーターというネーミングは、イギリスでの障害のある子どもの教育制度 SEN に由来している。イギリスでは、1980年に障害児教育の名称を Special Education から Special Educational Needs（特別な教育的ニーズ）に改めて以来、特別な教育的ニーズの対象を障害の種別を根拠とはせず、学習における困難さと特別な教育的手だてに焦点を当て、インクルージョンを目標とした教育を行っている[7]。「特別な教育的な手立て」を必要とするほど、「学習における困難さ」があるならば、その子どもは特別な教育的ニーズがあると捉えている。そして、通常の学校で SEN コーディネーター（SENCO）の存在が位置づいている。SEN コーディネーターは、校内において SEN のある子どもの支援を行い、その子どもたちの教育について担任とともに個別教育計画の立案や教育の評価を行う役割を担う役割である。このイギリスの教育システムは、日本が特殊教育から特別支援教育へと移行する際に大きな影響を受けたといえる。

　国立特殊教育研究所（現在は「国立特別支援教育総合研究所」）は1999年から2001年にかけて「通常学級において留意して指導することとなっている児童生徒に対する指導および支援体制の充実・整備等に関する研究」が行われ、教育現場での実践的研究が報告された[8]。具体的には、組織的な校内支援体制の形成や対応をはじめたことによる教師の意識変化や発展、対象児童への対応例などであった。個別的な配慮と対応を必要とする児童に対し、全教職員が共通理解のもとに援助や処遇を行う際の調整役として「コーディネーター的存在」が必要であることが提言されたのである。学校全体のコーディネーター役を担う教師を選び、これにあたることが望ましい、との具体的記述はまさしくイギリスにおける SEN コーディネーターの役割を参考にした内容となっていた。このプ

ロジェクト研究にかかわった柘植雅義は、「多様化するニーズに応じることが求められる学校としては、特別支援教育コーディネーターの活躍が期待され、コーディネーターは特別支援教育推進のキーパーソンである[9]」と述べ、この実践的取り組みはコーディネーターの必要性を明確にすることとなった。

　一方、文部科学省の最終報告では、指名すべきコーディネーターの候補として、「特殊教育に携わった経験を有する者」とされる半面、「それに限らずコーディネーターとして高い資質や能力を有する教員が指名されることも考えられる」とも記されている。当時から人物像に幅があり、資格、条件も曖昧であったことがうかがえる。発案の時期から一定の基準を国レベルで明確にしていなかったことがのちに課題を生み出す要因の一つであったとも考えられる。このようななか、各学校において校長によるコーディネーターの指名が行われることになった。

　文部科学省がコーディネーターの指名を求める「すべての学校」には学校教育法第1条に定義される「幼稚園」も含まれる。しかし幼稚園は、法的には「学校」であっても、他の保育施設と同様、幼児期の子どもの成長発達を促す場である。特に2005年1月に「子どもを取り巻く環境の変化を踏まえた今後の幼児教育の在り方について」とする中央教育審議会答申が出されて以降、幼稚園においても子育て支援活動も盛んに行われるようになり、家庭や地域を支援する役割もある。宮木・木舩は、ほぼ全ての公立諸学校にコーディネーターが指名された「普及期」の研究の動向と課題について、日々の業務に多忙なコーディネーターの複数化、専任化の必要性を指摘するも多くはそれが困難な状況であることを示した[10]。指名された教員が他業務との兼任によりコーディネーターの役割を果たすことが困難であることが、諸学校の共通の悩みとなっていた。また、保護者との連携においても担任教員や支援者の立場とは違った中立的な役割が求められており、ソーシャルワーク力の必要性もあったといえる。担任教員への支援も役割とされ、それには助言などの直接的支援もさることながら関係機関との連携といった間接的な支援も含まれる。また、交渉する力や人間関係調整力などの資質も求められたものの、校種によりニーズも異なり、その担い手についても一致した見解は得られていなかった。このようにコーディネーターは教育や保育の各現場で、子どもたちを支援していくうえで重要

54

な人材であると同時に多くの課題を孕んでいた。宮木は、SEN コーディネーターと日本のコーディネーターを比較しており、教員の中から指名され、その多くが担任との兼務であることなど立場としての共通点が多い半面、責務については相違点があることを指摘している。[11]責務や資格について厳格な定めがある SEN コーディネーターと比較すると、日本のコーディネーターは求められる立場や役割のうえでも曖昧さが否定できないのである。

　各学校にコーディネーターの指名が求められるようになり15年あまりが経過した。課題を残したまま膠着期を迎えている。宮木は、通常の学校のコーディネーターが自分の悩みを解消するためにどのようなことを必要と感じているか等、コーディネーターのニーズについて調べているが、この調査でコーディネーターは「教職員の増加、コーディネーターの専門配置、専門的知識の担保、管理職の高い意識とリーダーシップ、コーディネーター同士の情報共有の場」を求めていることを明らかにし、制度をさらに充実させるための検討の必要性を述べている。またその大半が私立である幼稚園について、さらなる調査の必要があることを指摘している。[12]発達の著しい就学前の幼児には、さまざまな面で支援が必要である。平成29年3月告示の「幼稚園教育要領第1章総則第1幼稚園教育の基本」1には、「幼児は安定した情緒の下で（中略）、幼児の主体的な活動を促し、幼児期にふさわしい生活が展開されるようにすること」[13]と記されている。「幼児期にふさわしい生活」とは、幼児期の子どもが仲間といっしょに安心して過ごすことのできる環境である。このことは、児童福祉施

表5-1　創設期、普及期、膠着期に分けた時期毎の成果と課題

	成　果	課　題
創設期 （2003年頃）	特別支援教育の推進のキーパーソンとしての期待。	国レベルでの計画的研修制度は確立されぬままコーディネーターの普及を目指した。
普及期 （2012年頃）	教育や保育の現場で、子どもたちの支援に大きな役割を果たした。	コーディネーターの具体的な役割が明確ではない。
膠着期 （2015年頃）	表面上は、校内支援体制が構築された。	コーディネーター自身が求めるニーズを明らかにし制度をさらに充実させるための検討が必要。

（出所）筆者作成。

設である保育所がその機能として戦前から行ってきた取り組みでもあった。文部科学省管轄の幼稚園も、保育所と同じく幼児期の子どもたちが共に育ちあう場所である。子どもは、安心した環境のなかで友だちと共に育つ権利を持ち、それはすべての子どもが保障されるべきものである。とりわけ障害のある子どもにはどのような保育が必要であるかを考えることで、すべての子どもたちの「ふさわしい生活」は初めて実現するのである。そのためのコーディネーターの役割を検討すべきである（表5-1）。

3　特別支援教育コーディネーターのあり方

1　イギリスの目指した SEN コーディネーター

　イギリスでは1981年「教育法」により、障害のある子どもの教育を、「学習における困難さ」から考える「特別な教育的ニーズ」を基にした。[14]

　イギリスの教育制度 SEN については前述した通りであるが、その体制の中で、SEN コーディネーターは、校内の SEN についての体制を整備する役割を担っている。このようにみると日本のコーディネーターに似た役割のようであるが、具体的には校内の SEN のある子どもの拾い出しや教育評価も行い、日本のコーディネーターにはみられない独自の働きをもつ。

　イギリスにおける「特別な教育的ニーズ」は、障害の有無ではなく「学習における困難さ」の有無が基本となっているところも特徴であり、特別な教育的

表5-2　SEN コーディネーターと特別支援教育コーディネーターの比較

	イギリス（SEN コーディネーター）	日本（特別支援教育コーディネーター）
目　的	障害の有無ではなく、「学習における困難さ」の有無を教育的ニーズと捉える。	障害によるあらゆる困難を、特別な教育的ニーズと捉える。
役　割	SEN のある子どもの拾い出し、教育評価を行う。	子どもの特別な教育的ニーズに応じた教育を実施するために、各学校・園内で中心となり、連携や調整を行う。
制　度	国や地方行政が一丸となり、教育的ニーズに取り組む体制を整備。	文部科学省が指名を求めるも、人選をはじめ、研修や制度は各学校や自治体で行われる。

（出所）筆者作成。

ニーズとその子どもに必要な教育的な手立てについて具体的に記述される。そして、その学校においてはその教育的手立てを準備することを義務として課す。そのステートメントの有無により就学先が決定するなど、地方行政当局が「特別な教育的ニーズ」への対応について、学校と連携しながら体制を構築している（表5-2）。

　このように、国や行政が一丸となって教育の制度的基盤を確立しているところは、イギリスのインクルーシブ教育においてこの制度が機能していると評価すべき点である。

2　特別支援教育コーディネーター創設への期待と限界

　コーディネーターの創設の経緯は、校内の特別支援教育推進のキーパーソンとしての期待であった。文部科学省特別支援教育の推進に関する調査研究協力者会議の最終報告「今後の特別支援教育の在り方について」の中には、特別支援教育を推進するための仕組みとして、特別支援教育における基本的視点や、質の高い教育的対応を支える人材の必要性、関係機関の有機的な連携と協力などが挙げられている。[15] 従来の「特殊教育」に対して、「特別支援教育」の児童生徒一人ひとりの教育的ニーズを把握し適切な対応を図る視点を強調し、その必要性を示した。その中では、盲・聾・養護学校や医療・福祉機関との連携協力の重要性も述べられている。

　また、校内支援体制構築の役割を担う人材の必要性について具体的に記され、校務分掌への位置づけにも期待が寄せられていた。その適役には、一定の知識や専門性を持った教員がふさわしいとされ、障害全般に関する知識やカウンセリングマインドを有する者であることが条件としながらも、その明確な資格基準はなかった。当時、各都道府県では「特別支援教育推進体制モデル事業」が始まり、推進地域の小中学校ではコーディネーターの指名もなされていたが、その実態はさまざまであった。研修の主催は各自治体に委ねられ、独自のプログラムで計画されたため、一定の水準で同じような資質・技能を向上していくには限界があったといえよう。

3　校種別にみる課題

　コーディネーターはすべての学校で指名が求められるようになり、そのなかには幼稚園も含まれた。幼稚園はその実態も多様であり、コーディネーターに関する先行研究も少ない。しかし幼稚園もその実態に応じたそれぞれの取り組みを行っており、小中学校とは異なる保育施設ならではの役割もある。特に幼児期においては、子ども自身だけでなく、それを取り巻く身近な環境に対するアプローチが求められる。元来保育所が行ってきたソーシャルワークであるが、土田美世子は保育施設の多様化が進むなかで「両者が共通して保育ソーシャルワーク支援を実施することが求められることになる」と述べている。幼稚園にソーシャルワーク支援が必要であるならば、コーディネーターにもその知識や技術が求められるのである。

　一方、宮木は校種や学校環境やキャリアの影響により、悩みに差異があることを明らかにしている。このことは、校種に応じたコーディネーターへの支援の在り方を検討するうえで重要としているが、これらの研究は小中学校を対象としたものが多く、幼稚園や高等学校における研究がきわめて少ないことを指摘している。そのわずかな調査結果のなかで、幼稚園は他の校種と比較して、教職員同士の意識のギャップが少ないことも示されていた。このことは、日頃からすべての子ども達に対してすべての保育者がかかわりながら日々の発達を育んでいる、という保育現場ならではの風土があるからだと考えられる。保育者は子どもたちを保育していくなかでさまざまな困り感を抱えているものの、試行錯誤しながら支援体制を築いていくという試みは他の校種より実践できているといえよう。

おわりに

1　保育現場における課題

　幼稚園における支援体制の構築は、子ども達が「共に生活する」ことを実現するために意義のある取り組みであり、コーディネーターは特別な教育的ニーズのある子どもを含めたすべての子ども達がインクルーシブな状況で過ごすためには不可欠な役割である。しかしその具体的な課題やニーズについては、さ

らに実態を調査していく必要がある。

2 今後の保育現場の特別支援教育コーディネーターに求められるもの

　文部科学省は幼稚園にも特別支援教育コーディネーターの指名を求めたが、保育形態は多岐にわたり、しかも保育の現場は幼稚園だけではない。保育所や認定こども園でも同じようなキーパーソンが存在し、実態に応じた支援が行われている。そしてこのような取り組みは、児童福祉施設である保育所においてはソーシャルワーク的なかかわりとして以前から行われていたことでもあった。幼稚園のコーディネーターの現状と課題について検証するなかで、これまで保育所が率先して行ってきたかかわりが幼稚園にも必要であったこともうかがえる。なぜならどの保育施設も就学前の乳幼児が集団のなかで共に生活しながら育ち合う場所だからである。幼稚園の求めるコーディネーターは小中学校で求められるものと全く同じではない。幼児期の子どもや家庭のニーズに応じたオーダーメイドの役割であるべきなのである。幼児のさまざまな困難を支援していく役割について、現代の子どもやそれを取り囲む環境の実態を踏まえつつ今後の課題としたい。

注
1）宮木秀雄・木舩憲幸「小・中学校の特別支援教育コーディネーターの悩みに関する調査研究――学校環境やコーディネーターのキャリアとの関係――」『学校心理学研究』11（1）、2011年、45-36頁。
2）前掲注1）。
3）宮木秀雄「通常の学校の特別支援教育コーディネーターの悩みに関する調査研究――調査時期による変化と校種による差異の検討――」『LD研究』24（2）、2015年、275-291頁。
4）前掲注3）。
5）松山寛「幼稚園における特別支援教育コーディネーターの専門性――幼稚園へのアンケート調査を通して――」『足利短期大学研究紀要』38（1）、2018年、53-57頁。
6）金戸憲子「幼稚園の特別支援教育におけるケースへの組織的対応力を高める試み」、九州ルーテル学院大学大学院2018年度修士論文、2019年。
7）横尾俊「イングランドのSpecial Educational Needs Coordinator（SENCO）の養成とその業務上の課題」『世界の特殊教育』(21)、2007年、13-18頁。

8）木村光男「個別的な配慮と対応を大切にした校内体制作りの取り組み」『横浜市立丸山小学校』2002年。

9）柘植雅義「特別支援教育コーディネーターとしての機能（特集　障害のある人への支援とコーディネーターの機能を問う）」『リハビリテーション研究』（120）、2004年、20-23頁。

10）宮木秀雄・木舩憲幸「我が国における通常の学校の特別支援教育コーディネーターに関する研究の動向と課題」『広島大学大学院教育学研究科紀要』第一部、61、2012年、189-198頁。

11）宮木秀雄「特別支援教育コーディネーターからの支援による学級担任の認知の変容に関する研究」広島大学大学院博士論文、2012年、6 - 9頁。

12）前掲注 3 ）。

13）文部科学省「幼稚園教育要領」2017年。

14）文部科学省『資料 6 ： 1 「イギリスにおける障害のある子どもの教育について」』「特別支援教育の在り方に関する特別委員会　第10回配布資料」中央教育審議会、2011年（mext.go.jp/b_menu/shingi/chukyo/chukyo3/044/attach/1306642.htm、2024 年 3 月 1 日閲覧）。

15）「特別支援教育の推進に関する調査研究協力者会議最終報告 今後の特別支援教育の在り方について」文部科学省、2003年。

16）土田美世子「保育ソーシャルワーク支援論書評りぷらい」『社会福祉学』55 （ 1 ）、2014年、116-118頁。

17）前掲注 3 ）。

第6章
相談のしやすさを重視した保育所の子育て支援

は じ め に
——問題の所在——

　今日におけるソーシャルワークに関する研究動向を確認すると、福祉サービスを必要とする者から相談支援機関の窓口へいかにして接近できるかといった類の研究が出現している。こうした福祉サービスを必要とする者の相談アクセス向上についての論議は最近になってクローズアップされてきたのかといえば、そうではない。小松は、社会福祉を必要としていながら利用に至らない人々の問題は、すでに1980年代頃から、潜在的ニーズやアウトリーチ、利用支援、情報などのキーワードで議論されているものの、こうした多方面に広がる議論の整理や体系化にはつながっておらず、その背景には、一連の議論に対する社会福祉関係者の関心の薄さが関係しているという。加えて大橋も福祉サービスを必要とする人をどのように把握し、どう接触し、関わりを持ち、問題解決につなげられるかがソーシャルワークに関する命題と述べており、ソーシャルワークの援助対象となる者からの相談アクセスが高まり、適切なアセスメントが実施されることにより、問題解決が促されるための研究の活性化に期待が寄せられているということが窺える。

　さて、こうした一連の背景を踏まえ、本章は子ども家庭福祉領域の見地から利用者の相談アクセスに着目することで、利用者の「アクセシビリティ」の向上に点に強い関心を寄せるものである。もう少し言えば、支援ニーズが潜在化している者の相談アクセスを高め、さらにそのニーズを明確化することで必要な支援が届けられる可能性の広がりから子育て家庭のウェルビーイングの実現に期待する。近年では、子どもの健全な発達に大きな影響を及ぼす典型的問題

としてのマルトリートメントや児童虐待が深刻な問題となっており、こうした問題発生源の一つには保護者が日常の子育てによって抱く悩みや不安、ストレスが関係するという報告が相次いでいる。まさに、福祉ニーズが潜在化している者への支援方策として利用者の相談アクセスを重視したソーシャルワークの価値がここに現れる。とくに児童虐待が子どもの育ちに与える影響には「骨折や熱傷など様々な身体的障害のみならず、虐待状況に曝され続けることによる心的外傷から情緒不安定などの様々な精神症状を呈する」という報告があり、子どもの発達に影響を及ぼす子育て問題にあっては事後対応というより事前の予防的支援がきわめて重要となる。子育てを担う保護者が子育てや生活ニーズを抱えた際に、それが潜在化することなく、いち早く身近な相談機関の窓口へとアクセスし、子育て不安やストレス軽減のための必要な支援が提供されれば、安定した子育て、さらには子育て家庭の「ウェルビーイング」の実現にもアプローチできると考える。

　そこで、本章は子育不安を抱える保護者にとって、身近でかつ子育て支援の役割を担っている保育所に焦点を当てていく。そして子育て不安を抱えた保護者が保育所に相談行動をとる際に、それを阻害する要因と促進する要因を突き止め、それを踏まえることにより、保護者側から保育所への相談アクセスを向上させていくための相談支援体制について考察することを目的とする。

1　保護者の相談行動に関する調査

1　調査対象

　調査対象は、機縁法によりK県内の保育所を利用する保護者を対象とした。保育所から保護者にアンケート用紙を配付してもらい、アンケート用紙を受け取った保護者は自宅に持ち帰りアンケートに回答した後、保育所内に設置するアンケート回収箱に入れてもらうようにした。質問項目は、性別や年齢、子どもの人数、家族構成等のフェイスシートからなる群と保育所への相談状況として、これまでの相談の有無、保育所への相談につながった理由（第3者の勧め）、相談の内容、保育所に感じた相談のしづらさ、相談のしやすさを高めるための必要条件の群で構成した。

62

2 調査期間

本調査は2020年4月20日から4月30日の期間で実施した。

3 分析方法

アンケート結果は、自由記述の内容を株式会社NTTデータ数理システムの Text Mining Studio 6.3を用いて、単語頻度解析とことばネットワークを実施した。テキストマイニングの手法を用いた理由は、テキストデータをさまざまな計量的方法によって分析し、形式化されていない膨大なテキストデータの中から言葉（キーワード）どうしにみられるパターンや規則性を見つけ、役に立ちそうな知識・情報を取り出そうとする手法・技術であり、研究目的を探索的に調査するうえで有効と判断し、採用した。

4 倫理的配慮

調査対象者に対しては、調査前に、研究目的、方法、研究責任者への連絡方法等を記載した文書を活用し、説明を行った。アンケート調査回答については無記名とし、個人を特定する調査項目は一切なく、回答者の匿名性は担保されていること、また研究目的以外には使用しないこと、加えて研究成果の公表についても回答者個人を特定し得る情報の公表は一切ない点を説明した。また、本アンケート調査における回答者からの同意については、アンケート用紙とともに倫理的配慮を記載した文書を同封し、アンケート用紙の返信がされたこともって同意したとみなした。本章は熊本学園大学「人を対象とする研究」に関する倫理委員会で承認を受け、実施した。

2 保護者の相談行動について

分析については、テキストマイニングの手法に知見の深い研究者からエキスパートレビューを受けることにより、可能な限り分析の妥当性の担保に努めた。配布数90に対し、返答率は22であった（回答率24.4%）。

1　回答者の基本属性

　回答者の属性は、男性1名、女性21名、年齢は、20歳以上～30歳未満が5名、30歳以上～40歳未満が13名、40歳以上が4名であった。分析においては、探索的に調査を展開していることから多くの情報を得たいと考え、頻出語は1以上のものをカウントし結果に反映させた。

2　保護者の相談内容

　保護者に対し、これまでに些細な困り事を含め、保育所に相談をしたことの有無に関する質問については、「有」と回答した者が17名、「無」が5名であった。

　相談したことが「有」と回答した保護者の相談相手である保育者は、担任（保育士）が16名、副園長が4名、園長が1名、その他（園長、副園長、主任、担任以外の保育者）が2名であった。またここまでに保育所に行った保護者の相談内容については、① 子どもの食事に関する相談（「離乳食の進め方の相談をしました」「ご飯の食べムラがあること」）、② 子どもの発達に関する相談（「子どもの吃音についての対応の仕方、関わり方を家庭と園で一緒にサポートしていきたく相談した」「子どもの発達が年齢にくらべて幼いように感じたので、園での様子を伺うとともに、今後の対応の仕方について相談をおこなった」）、③ 子どものトイレトレーニングに関する相談（「うんちがトイレでできないこと」「トイレトレーニング」）、④ 子どもの体調に関する相談（「子どもの体調に関すること」「病気のこと」）、⑤ 子どものパーソナリティに関する相談（「子どもの性格について」「上の子が下の子に乱暴なことについて、どう対応すべきか」）、⑥ 子どもの友人関係に関する相談（「子供の友人関係について」「子どもの友人との関わり方について」）、⑦ 生活課題に関する相談（「家庭事情」「第3子の保育料についての相談」）、⑧ その他（「爪をかむこと」「家庭での子供との接し方について」等）が確認された。

3　保護者が感じる保育所への相談の阻害要因と促進要因
1　保護者が感じる保育所への相談の阻害要因

　「あなたがこれまで感じたことのある保育所への相談のしづらさについて教えてください」という設問項目を保育所への相談の阻害要因として捉えた。こ

64

の阻害要因を示す原文では【朝夕の送迎時は先生方も忙しそうでゆっくりと話しづらい雰囲気はある】【登園やお迎えの時間が重なってしまうと、先生達も忙しいので、なかなかゆっくり話す時間はとれないので相談しにくいのかもしれません】等が確認された。相談のしづらさの回答内容について単語頻度解析を実施したところ、上位は「思う」「相談＋しにくい」「時間」「先生方」「忙しい」「話す」「お迎え」「雰囲気」であった。またことばネットワークで示された図に表れる特徴的な部分は「時間」「忙しい」「お迎え」が強く結びついていた（図6-1）。

2 保護者が感じる保育所への相談の促進要因

保育所への相談アクセスへの促進要因を捉えるために「保育所への相談のしやすさを高めるためにどのようなことが大切だと考えるか教えてください」を設問項目とした。促進要因につながる原文を示すと【お互いに何でも話せるような密なコミュニケーション。連絡帳や送り迎え時などで細かくお互いに伝えれる様に】【どんな悩み事にも否定しないこと。子どもの1日の様子をちょっとした事でもいいので保護者に伝えること】等が確認された。相談のしやすさにおける単語頻度解析の上位は「コミュニケーション」「思う」「保護者」「良い」「安心」が確認された。ことばネットワークで示された図に表れる特徴的な部分は「保育者」「相談＋しやすい」「良い」「思う」が強く結びついていた（図6-2）。その他、「連絡帳」「伝える＋できる」「保護者」、「コミュニケーション」「とる」、「子ども」「様子」等が結びつきを示した（図6-2）。

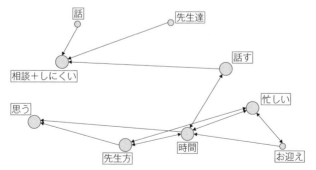

図6-1　相談の阻害要因（ことばネットワーク）

（出所）筆者作成。

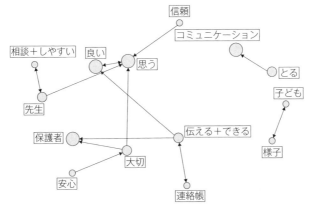

図6-2　相談の促進要因（ことばネットワーク）

（出所）筆者作成。

3　相談アクセスを促す保育所の相談体制

1　保護者が抱える相談内容の特徴からうかがえる保育者の役割

　まず、保護者の相談内容の性質をみると、結果の通り、a.「子どもの食事に関する相談」、b.「子どもの発達に関する相談」、c.「子どものトイレトレーニングに関する相談」、d.「子どもの体調に関する相談」、e.「子どものパーソナリティに関する相談」、f.「子どもの友人関係に関する相談」、g.「生活課題に関する相談」、h.「その他」の8つのカテゴリーに分類された。これらカテゴリーの性質を踏まえ、保護者側が保育所に寄せる相談内容の特徴について整理すると、それはa～f、hの相談カテゴリーにみられる「子育て課題に関する相談内容」とgにみられる「生活課題に関する相談内容」の大きく2つに大別することができる。前者の「子育て課題に関する相談内容」については、保育の専門性をもって子育ち・子育ての安定に寄与するアドバイスや情報が保護者に提供され、問題解決へ結びつけられる可能性が高まる支援である。後者の「生活課題に関する相談内容」は、保育の専門性というより、ソーシャルワークの専門性をもって対応することで問題解決の可能性が高められると考えられる。この整理の仕方については永野も、保護者から寄せられる相談・支援

を大きく２つに大別しており、その一つは保育者がこれまで保育現場で培った保育の知識や技能、保育者固有の専門性を生かした子育てに関する相談・支援であり、もう一つは、保護者自身の生活問題や課題によって子どもの養育や子どもの発育発達に問題が帰する場合、家庭全体の問題解決を目指した相談・支援と捉えている。さらに、これに加えて相談ニーズを抱える保護者に対しては、保育者は「本来の保育の専門性以外に社会福祉専門職としてソーシャルワークの知識を生かし、他の関連機関との連絡調整や各種サービスに関する情報提供などの支援という役割があるという点を強調している。つまり、保育者は「子育て課題に関する相談内容」に対応していく保育の専門性と「生活課題に関する相談内容」に対応していくソーシャルワークの専門性を有することにより、子育て不安を抱える保護者への相談対応が可能になると理解することができる。以上を踏まえ、ここで改めて保護者が抱える相談内容の特徴から保育者の役割を示しておくと、保育者側には直接的な子育ち・子育てに係る相談と間接的に子どもの健やかな育ちに影響を及ぼす保護者自身の生活課題に関する相談の双方に対応していく役割があると考えることができる。

２ 保護者における相談アクセスの阻害要件と促進要件

　相談のしづらさに関する回答内容の単語頻度解析及びことばネットワークの結果をみると、相談のしづらさの特徴を表すキーワードは「お迎え」「時間」「忙しい」であった。

　また保護者が感じる保育所への相談のしづらさについての原文を確認すると【朝夕の送迎時は先生方も忙しそうでゆっくりと話しづらい雰囲気はある】【登園やお迎えの時間が重なってしまうと、先生達も忙しいので、なかなかゆっくり話す時間はとれないので相談しにくいのかもしれません】であった。以上の結果を踏まえると、保護者は保育者の多忙な様子や雰囲気を感じとることにより相談を差し控える可能性があると示唆される。とくに子育て不安を抱える保護者は子どもの送迎時を保育者に相談をもちかけようとするタイミングの一つとして捉えていると考えられるが、その際に保育者側の多忙な雰囲気が保護者側に伝わってしまうことで相談アクセスが遮断されやすくなると推察される。本章が相談アクセスを阻害するキーワードを「保育者の多忙さ」と設定した場

合、発達障がい児の養育者の「福祉アクセシビリティ」の構造を明らかにしようと試みている越智もやはり、その阻害要素の一つに専門職としての「態度」を挙げており、「保育者の多忙さ」はこれに結びつくものである。

　保護者は、子どもの送迎の時間帯を相談のタイミングと捉える傾向にある。しかしながら保育者側にとってみれば、この時間帯こそ通常の子どもの保育に保護者対応が加わることで、自ずと多忙な雰囲気が醸成されやすくなる。よって、保護者側からの相談アクセスの遮断を防ぐ手段の一つには、まず保育者が忙しい時間帯となる送迎時に、多忙な雰囲気を保護者に感じ取らせないように留意することが重要である。

　次に、相談アクセスを高める促進要因について検討していく。相談のしやすさにおける単語頻度解析では「コミュニケーション」「思う」「保護者」「良い」「安心」が上位であった。また、頻出語をことばネットワークにより分析した結果、「保育者」「相談＋しやすい」「良い」「思う」が強い結びつきを示し、「連絡帳」「伝える＋できる」「保護者」、「コミュニケーション」「とる」、「子ども」「様子」等が結びつきを示していた。

　相談のしやすさにつながる原文では【お互いに何でも話せるような密なコミュニケーション。連絡帳や送り迎え時などで細かくお互いに伝えれる様に】【どんな悩み事にも否定しないこと。子どもの１日の様子をちょっとした事でもいいので保護者に伝えること】等が確認された。このことから、日常的に保育者と保護者の間でコミュニケーションを図る機会が確保されると、相談のしやすさは高まると考えられる。とくに原文の内容からも窺える通り、保護者の中には仕事等で子どもの状況を把握できない日中の時間帯における子どもの様子を知りたいと望む親がおり、保育者からこうした情報が提供されることで、相談アクセスは高まると推察される。進藤は保育士による保護者支援では、コミュニケーションや情報共有を通した保育士と保護者の信頼関係の形成が重要になるということを指摘している。具体的には「挨拶や日々の子どもの様子の伝達等を通して、関係づくりを実践し、保護者の話に傾聴や共感の姿勢をもって接するなど、日頃からの保護者とのコミュニケーションや関係形成を重要視していくことが必要」と述べている。

　また保育所の相談体制の特徴として、北野は「保育者と保護者の日常的なコ

ミュニケーションが頻繁である園では、形式的でない親しみある関係性がつくりやすい。その意味で、相談しやすい状態がある[13]」と述べるように、保育者－保護者間で行われる日常的コミュニケーションにおいて、保育所側から子どもの情報が保護者に伝達され、双方の関係性が強められることで相談アクセスは促進すると考えられる。さらに、ことばネットワークによる分析結果では、「連絡帳」「伝える＋できる」といったキーワードの結びつきが確認されたことから、日常的なコミュニケーションとして、保育者から保護者に子どもの情報を伝達する手段には、対面による伝達に限らず、連絡帳といったツールの活用も有効であることが示唆された。

おわりに

　保護者から保育所への相談アクセスの実態として、それを阻害する要件には子どもの送迎時に表出される「保育者の多忙さ」が確認された。その一方で、相談アクセスを促進する要件には「日常的なコミュニケーション機会の確保」と「子どもの情報提供」が確認された。以上を踏まえ、保護者の相談アクセスが向上する保育所の相談体制を提起すると、とくに子どもの送迎時である時間帯に保育所は保育士が複数の業務を抱えこまず、多忙な雰囲気が保護者に伝達されないような相談窓口体制を組んでおくこと、そして対面あるいは連絡帳等のコミュニケーションツールを活用することで日常的なコミュニケーション機会の確保し、保護者に子どもの情報を伝達する機会を相談体制に組み入れることが重要となる。

付記
　本章は2020年度熊本学園大学大学院博士学位論文（竹下徹）「保育アクセシビリティを重視した保育ソーシャルワークの実践モデルの開発」の一部（「第4章　保育所における子育て支援へのアクセスに関する実態」）であり、そのプレデータを活用し、加筆修正したものである。

注

1）福祉サービスを必要とする者や利用者のサービスアクセスの向上に着目した代表的研究には、障がい福祉領域では越智あゆみ『福祉アクセシビリティ——ソーシャルワーク実践の課題——』（相川書房，2011年）の発達障害児を養育する家族を対象とした福祉アクセシビリティに関する研究、高齢者福祉領域では李恩心「利用者からみた介護サービスへのアクセス時の困難」（『社会福祉学』第53-3号、2012年）の介護保険サービス利用者や家族を対象とした介護サービスのアクセシビリティ確保を目指す研究等を挙げることができる。

2）小松理佐子「書評 越智あゆみ著 福祉アクセシビリティ——ソーシャルワーク実践の課題——」『社会福祉学』53（2）、2012年、126頁。

3）大橋謙策「社会福祉実践からソーシャルワーク実践へ——福祉アクセシビリティの重要性——」、越智、前掲注1）、ⅰ頁。

4）「福祉アクセシビリティ」に関する代表的研究者のひとりに挙げられる越智あゆみの説明によると、「アクセシビリティ」とは現在のところ日本語の定訳はないとし、Organisation for Ecocomic Co-operation and Development による「サービスを利用しようと望んでいる個人の側で障害がないこと」という定義が社会福祉領域を含むさまざまな領域で用いられていると述べている（越智、前掲注3）、11頁）。

5）寺井孝弘「親の心理的特徴に着目した児童虐待のリスクアセスメント項目リストの検討」『石川看護雑誌』15、2018年、39頁。

6）藤井美和・小杉考司・李政元編『福祉・心理・看護のテキストマイニング入門』中央法規出版、2005年、10頁。

7）「保育」及び「ソーシャルワーク」が専門の質的研究法に造詣が深い研究者に依頼した。

8）永野典詞「保育ソーシャルと保護者支援・子育て支援」、伊藤良高・永野典詞・中谷彪編『保育ソーシャルワークのフロンティア』晃洋書房、2011年、26頁。

9）前掲注8）。

10）越智、前掲注1）、126-127頁。

11）進藤珠里「保育ソーシャルワークの論点」、日本保育ソーシャルワーク学会監修、鶴宏史・三好明夫・山本佳代子ほか編『保育ソーシャルワークの思想と理論』晃洋書房、2018年、85頁。

12）前掲注11）。

13）北野幸子「保育に関する相談・援助」、日本保育ソーシャルワーク学会監修、永野典詞・伊藤美佳子・北野幸子ほか編『保育ソーシャルワークの内容と方法』晃洋書房、2018年、37頁。

第7章
「子育て支援」における保育者養成の現状と課題

はじめに

　2018年改訂の保育所保育指針（以下、保育指針）において、新たに第4章「子育て支援」が記され、そのなかで保育所にはその専門性を生かしながら「保育所を利用している保護者に対する子育て支援」、並びに「地域の保護者等に対する子育て支援」を実施することが求められた。[1]

　これら保育園内外に向けた子育て支援の実施については、対象となる子育て家庭が抱える課題の多様化や通常保育をしながらの時間的制約等から、現場保育士の業務過多や心理的負担、ひいてはバーンアウト（燃え尽き症候群）を引き起こしていることが指摘されている。[2]また、保育士養成課程（以下、養成課程）に在籍する学生にあっては、そもそも子どもが好き、子どもと関わりたいという気持ちから保育士を目指し、保護者の存在を意識していない学生も多く、実際の現場において子育て支援を実施できるのかといった不安を抱いている様子が垣間見える。[3]このような状況に対して、現場保育士に向けては子育て支援に求められる知識や技術を学ぶ研修が開催されたり、[4]養成課程においては、子育て支援に係る教科目の見なおしが行われたり等、社会的ニーズを受けたさまざまな取り組みが実施されている。しかし、その整備状況は不十分である感は否めない。

　そこで本章では、今後、求められる子育て支援力を養成していくためにはどのような取り組みが求められるのか、特に養成課程に焦点をあて、その現状と課題について考察し、今後の保育者養成の在り方について展望していきたい。

1　保育士に求められる子育て支援

　現在でこそ当たり前の感がある保育所での子育て支援であるが、制度・政策の観点からみると歴史はそれほど長くはないと言えよう。ここでは、保育所に子育て支援の実施が求められるようになってきた経緯について簡単に触れておく。

　社会福祉政策は良くも悪くも、時の政治的・経済的・社会的状況を受けて変化する。もちろん保育政策も例外ではない。山縣は戦後保育サービスの展開について 4 つに分けて整理をしている。すなわち、第 1 期：戦後処理期、第 2 期：高度経済成長支援期、第 3 期：就労を通じた女性の自立・自己実現支援期、第 4 期：地域子育て支援期である[5]。保育所における子育て支援サービスは、第 4 期：地域子育て支援期において、少子化という国の一大事に立ち向かうため一気に拡大・拡充した。つまり、保育需要の多様化に対応するだけなく、「地域に開かれた社会資源として、保育所の有する専門的機能を他の住民のために活用する[6]」ことが求められるようになったのである。

　しかし、保育所での保護者への支援は、従前より実施されてきたことをここで付記しておきたい。中根は大正期における保育所の保護者への支援の状況について、保護者に対する支援は保育所の「副業」であり、その歴史的源流は1910年代半ば以降にすでに見出すことができること、またその具体的な方法が家庭訪問を行ったり、母親への職業紹介等も行ったりする家庭改良（改善）であったこと、さらには地域改善にも取り組んでいたことを指摘している[7]。また森上は、「昭和40年代を境にして、教師や保育者の仕事が学校や園の内部に限定され、決められた時間内に決められた役割を遂行する存在へと変化してきた」とし、子どもと直接関わる「保育」以外の業務は「雑務」として認識されるようになり、その後保育所では日常的なコミュニケーションの一環として、保護者に対する支援が行われるようになったと述べている[8]。つまり、保育者の保護者への支援の実施は、その在り方の詳細は別として、必ずしも保育所にとって新しい視点というわけではなかったのである。しかしその後の社会情勢の変化を受けて保育所には保護者への子育て支援の実施が強く求められるよう

になる。

　子育て支援の社会的な契機になったのは、1989年の「1.57ショック」であろう。少子化社会への懸念から子育ての問題が社会問題化し、1993年の「今後の保育のあり方について（提言）――これからの保育サービスの目指す方向」では、「保育所は仕事と子育ての両立支援、地域社会における子育て支援という観点から…（中略）…一層地域に開かれ、また利用しやすい施設としての方向を目指すことが重要である」ことや、「保育所は地域の中でもっとも身近な児童福祉施設であり、…（中略）…機能を地域に拓き、他機関との有機的な連携のもとに、子育て家庭の親とその子どもが求めているニーズに積極的に応えていくなど、地域の子育て家庭への養育支援を進めていくことが必要である」とされており、保育所が地域子育て支援に取り組む必要性について述べられた。[9]その後、1994年の「今後の子育て支援のための施策の基本的方向について（エンゼルプラン）」を皮切りに、2020年に公表された「新子育て安心プラン」に至るまで、子育て家庭の不安や負担を軽減し、男女共に仕事と子育てを安心して継続できるような社会の構築を目指したさまざまな施策が策定され、なかでも保育所は、乳児保育、延長保育、一時保育、病児・病後児保育、夜間保育、地域子育て支援サービス等、全ての子育て家庭への支援の受け皿として、その役割・機能の拡大が求められてきている。

　さらに、2001年の児童福祉法の一部を改正する法律において、保育士が国家資格となり、保育士は、「登録を受け、保育士の名称を用いて、専門的知識及び技術をもつて、児童の保育及び児童の保護者に対する保育に関する指導を行うことを業とする者」と定義された。すなわち、これにより、子どもへの保育のみならず、保護者への保育の指導という子育て支援の実施が法的にも求められ、その任を担う必要性が明確化したのである。

2　保育所保育指針にみる保育士に求められる子育て支援

　ここでは、保育所保育のいわばガイドラインである保育指針について見ていく。指針は、1965年に策定されて以降、1990年、1999年、2008年、2018年と4度の改訂（定）がなされている。そのなかで、1999年の改定では、「第13章　保

育所における子育て支援及び職員の研修など」の項目が設定され、子育て支援が保育所の役割として位置づけられた。しかしその内容は、地域における子育て支援としての、「(1) 一時保育、(2) 地域活動事業、(3) 乳幼児の保育に関する相談・助言」であり、在園児の保護者に向けたものではなかった。

　その後、2008年の改訂では、第 1 章総則において「保育所の役割」と「保育所の社会的責任」が新たに明記され、そのなかで「家庭や地域のさまざまな社会資源との連携を図りながら、入所する子どもの保護者に対する支援及び地域の子育て家庭に対する支援等を行う役割を担う」こと、並びに保育士は「専門的知識、技術及び判断をもって、子どもを保育するとともに、子どもの保護者に対する保育に関する指導を行う」ことが示され、保育士の専門性がそこに明示された。さらに、「第 6 章　保護者に対する支援」のなかで、「保育所における保護者への支援は、保育士等の業務であり、その専門性を生かした子育て支援の役割は、特に重要なものである」こと、また「その特性を生かし、保育所に入所する子どもの保護者に対する支援及び地域の子育て家庭への支援について、職員間の連携を図りながら、次の事項に留意しながら、積極的に取り組むこと」が求められており、初めてここに在園児の保護者への支援の基本が明記された。そして、その支援方法として、具体的には「子どもの送迎時の対応、相談や助言、連絡や通信、会合や行事など様々な機会を活用して行うこと」が記された。また同時に地域の子育て家庭に対しては、その拠点として、子育て家庭への保育所機能の開放（施設及び設備の開放、体験保育等）や子育て等に関する相談や援助の実施、子育て家庭の交流の場の提供及び交流の促進、地域の子育て支援に関する情報の提供等を積極的に行う等、それまでにも各保育所内で実施されてきた支援の内容を、より組織的に意図的に実施することが示された。さらに、保育指針解説書[10]では、保護者への支援実施にあたり、保育所や保育士はソーシャルワークを中心的に担う専門機関や専門職ではないとしながらも、「ソーシャルワークの原理（態度）、知識、技術等への理解を深めた上で、援助を展開することが必要である」と述べられており、保育士がソーシャルワークの知識・技術を修得する必要性が示された。

　現行の2018年改定の保育指針においては、それまでの「第 6 章　保護者に対する子育て支援」が「第 4 章　子育て支援」へと改編された。その具体的内容

は、それまでの内容を引き継いだものとなっており、保育指針解説では、「子育ての問題や課題に対して、保護者の気持ちを受け止めつつ行われる、子育てに関する相談、助言、行動見本の提示その他の相談業務の総体」であり、「各家庭において安定した親子関係が築かれ、保護者の養育力の向上につながることを目指して、保育の専門的知識・技術を背景としながら行うもの」と説明されている。そして「保護者に対する子育て支援を適切に行うためには、保育所の機能や専門性を十分に生かすことが重要」であり、さらに「ソーシャルワークの基本的な姿勢や知識、技術等についても理解を深めた上で、支援を展開していくことが望ましい」とされており、子育て支援の実施には、保育士が保育の専門的な知識・技術のみならず、ソーシャルワークの知識・技術の修得もしていく必要性が改めて求められたのである。

3 保育者養成の子育て支援科目の変遷と課題

1 養成課程における子育て支援科目の変遷

　子育て支援の実施にあたり、ソーシャルワークの知識・技術が保育現場で求められている点については、先述した通りである。では、養成課程において子育て支援に関する学びはどのように扱われてきたのだろうか。ここではその変遷を確認し、今後の課題について考察したい。

　養成課程は、1948年の「保母養成施設の設置及び運営に関する件」に示されたものに始まる。この段階ですでに「ケースワーク」「グループワーク」という相談援助に関わる科目に関する記載が見られる。その後、2001年には家族を取り巻く環境の変化等を踏まえ、保育士に求められる家族援助や保護者支援のスキルを修得し、保育士の役割の拡大に対応するため「家族援助論（講義2単位）」が必修科目として新設された。家族援助論の教授目標としては、保育所のもつ子育て支援機能を重要な社会的役割として理解すること、また現代の人間関係の在り方を理解し、それを踏まえた適切な相談・助言の実施が子育て支援に必要であること、さらには多様な支援を行っていくために種々の援助活動及び関係機関との連携について理解すること等が挙げられている。また、同時にソーシャルワーク的機能を学ぶことを目的として、「社会福祉Ⅱ（講義2単

位）」が「社会福祉援助技術（演習 2 単位）」に変更されるなど、より実践的な学びが重視されていたことが窺える。

　その後2010年には家族だけでなく、家庭や地域などを視野に入れた支援の在り方や支援体制について理解する必要性から「家族援助論（講義 2 単位）」は「家庭支援論（講義 2 単位）」に名称変更され、「社会福祉援助技術（演習 2 単位）」が「相談援助（演習 1 単位）」と「保育相談支援（演習 1 単位）」に分けられた。この「保育相談支援（演習 1 単位）」は「保護者に対する保育に関する指導」について具体的に学ぶことの重要性から設けられものであり、2017年度までは保育士資格だけでなく、幼稚園教諭免許状取得においても必修科目となっていた。しかし、科目導入時の検討会にあっては「『保育相談支援』とするエビデンスがどこにあるのか疑問であり、教えられる人がいるとも思えない」という意見[13]や「養成校の教育力や室の担保も重要な課題である[14]」、「保育士養成校の増加などにより養成校教員の質に課題があると思われる。（中略）せめて担当科目についての教員のガイドラインが必要ではないか[15]」といった養成校において科目を担当する教員の力量に関する懸念も示されていた。実際に、教授内容としては、① 保育士の行う子育て支援の特性、② 保育士の行う子育て支援の展開、③ 保育士の行う子育て支援とその実際（内容・方法・技術）が挙げられており、その具体的な方法に関する先行研究からは科目担当教員によってその教授方法の異なりが見受けられる。たとえば、徳広は「おたより」を題材とした帰納法的教授法が学生に保護者一人ひとりの子育てを認め支え援助するという気づきを促すこと[16]、また須永は子育て支援に関する基本的な知識等の講義形式で行う一方、学生一人ひとりの理解を深めるために、週 1 回の演習として地域の子どもや保護者を対象とした子育て支援の実践を導入し、保護者支援の視点をもつことができるよう取り組んでいること[17]、さらに江刈川はグループワークの話し合いを実施することで学生のコミュニケーション能力を向上させ、子ども理解の考え方を深めること等について報告している[18]。これらのように、その授業の在り方については科目担当者が試行錯誤しながら進めていた様子が推察できよう。そして、2019年度からは2018年度の保育指針改訂に伴って養成課程が見直され、保育の専門性を生かした教科目の再編が図られた。そのなかで、すなわち、ソーシャルワーク関連科目である先の「家庭支援論（講義 2 単位）」、「保育

相談支援（演習1単位）」「相談援助（1単位）」が子ども家庭支援論（講義2単位)」、「子育て支援（1単位）」へと整理・統合されたのである。

2　保育士養成課程における学びの課題

　卒業し、新任保育者としてすぐに子育て支援の実施が求められる学生にとっては、養成課程での学びは非常に重要である。では、養成課程における子育て支援の学びにはどのような課題があるのだろうか。ここでは1点指摘しておきたい。それは、子育て支援に係る科目担当者の専門性についてである。前述したように、科目担当者の力量は以前からの懸案事項である。片山は養成課程において詳細な子育て支援に係る教授内容は規定されておらず、個々の担当教員に委ねられているという現状であることを指摘しており[19]、また、磯部は子育て経験のない学生にとって、保護者の不安や心配を共感的に理解することは難しいとし、そのような学生に対して、「いかにして、子育て支援の実践的な力を身につけさせるか、養成段階での授業内容においては相当な工夫が必要である」と述べている[20]。確かに、「子育て支援」科目の教授目標は、「1、保育士の行う保育の専門性を背景とした保護者に対する相談、助言、情報提供、行動見本の提示等の支援（保育相談支援）について、その特性と展開を具体的に理解する。2、保育士の行う子育て支援について、様々な場や対象に即した支援の内容と方法及び技術を、実践事例等を通して具体的に理解する」と示されるのみであり、具体的な方法は示されていない。また、そもそもソーシャルワーク関連科目数及び単位数が従前より削減され、一部の研究者や実践者から問題視されている現状もある[21]。この点において、武藤は保育士養成課程等検討会の意見から「ソーシャルワーク系科目について充実させていきたいものの、科目増は限られた単位数のなかでは難しく、（中略）シラバスの強調点をつけることで中身を充実させるとの流れができあがった」と述べている[22]。実際に、2019年からの「社会福祉」のなかでは、これまでソーシャルワークの中核の科目であった「相談援助」のなかに組み込まれていた「社会福祉における相談援助」の部分が新たに追記されており、そのなかで相談援助の対象や過程について修得することになっている。しかし、教員によっては、制度面に重点を置き、ソーシャルワークの部分のウエイトが非常に低くなってしまうおそれがあることが指摘

される[23]等、担当教員にその教授内容が依っていることが窺える。幼稚園教諭免許状に係る教科目においては、一定の力量をもった担当者が教授することが求められている一方で、保育士養成課程においては、そのような制限はなく、専門性に関わらず担当している状況がある。保育現場において求められる知識・技術を確かに養成していくためには、担当する教員の力量も同時に必要であろう。

おわりに

　本章を書いている現在、「子ども家庭福祉ソーシャルワーカー」（仮称）なる資格の創設が国では検討されている。これは、2016年の児童福祉法等の一部を改正する法律において、「児童の福祉に関し専門的な知識及び技術を必要とする支援を行う者についての資格の在り方とともに、必要な資質の向上を図るための方策について検討を加え、その結果に基づいて必要な措置を講ずるものとする」と定められていることによるものである。児童虐待対応件数の増加や困難事例の増大に伴い、子ども家庭福祉分野に関わる人材の資質向上が喫緊の課題となっている一方で、その前段階として保育士が一人ひとりの保護者に寄り添い、受容・共感し、支援していくことが子育ての負担感を減少させていくことにもつながることは明白であろう。養成課程における着実な力量形成が求められる。

注
1）厚生労働省『保育所保育指針〈平成29年告示〉』フレーベル館、2018年。
2）例えば、添木佑香・森田美佐「子育て支援における保育士側の現状と課題——保育士の家庭生活に注目して——」（『高知大学教育学部研究報告』68、2008年、189-197頁）や宮下敏恵「保育士におけるバーンアウト傾向に及ぼす要因の検討」『上越教育大学研究紀要』29、2010年、177-186頁）、太田佑貴子「保護者対応と保育士のバーンアウト：看護師との比較から」『お茶の水女子大学心理臨床相談センター紀要』18、2016年、1-11頁）等がある。
3）江刈川淳子「保護者支援のあり方を習得するための授業方法に関する一考察（第一報）——『保育相談支援』がよりより学生への学びになるために——」（『東北女子短期

大学紀要』59、2020年、60-71頁）の学生へのアンケートでは、「実際、保護者の悩みに
対して、アドバイスや対応策が考えられるか不安」、「新人が年上の保護者にアドバイス
するのは難しい。また寄り添うことはできるのか」といった悩みが挙げられている。

4 ）たとえば、職員の資質・専門性の向上に向けた「キャリア・アップ研修」では研修内
容として、① 乳児保育、② 幼児教育、③ 障害児保育、④ 食育・アレルギー対応、
⑤ 保健衛生・安全対策、⑥ 保護者支援・子育て支援が設定されている。

5 ）山縣文治『現代保育論』ミネルヴァ書房、2002年。

6 ）厚生省児童家庭局長、児発第283号「特別保育事業の実施について　別添5　保育所
地域活動事業等実施要綱」、1998年 4 月 8 日（https://www.ipss.go.jp/publication/j/
shiryou/no.13/data/shiryou/syakaifukushi/688.pdf、2024年 1 月28日閲覧）。

7 ）中根真「保育者による『保護者に対する支援』の歴史的源流――大正期における託児
所（保育所）の『副業』――」『龍谷大学論集』、476、2010年、64-88頁。

8 ）森上史郎「保育者の専門性・保育者の成長を問う」『発達』21（83）、2000年、68-74
頁。

9 ）これからの保育所懇談会『今後の保育所のあり方について ～これからの保育サービ
スの目指す方向～（提言）』、平成 5 年 4 月 7 日（https://www.ipss.go.jp/publication/j/
shiryou/no.13/data/shiryou/syakaifukushi/464.pdf　2022年12月10日閲覧）。

10）厚生労働省編『保育所保育指針解説書』フレーベル館、2008年。

11）厚生労働省編『保育所保育指針解説』フレーベル館、2018年。

12）厚生労働省雇用均等・児童家庭局「第 1 回保育士養成課程等検討会　資料 4 　保育士
養成課程見直しの経緯　2009年11月16日」（https://www.mhlw.go.jp/shingi/2009/11/
s1116-7.html、2024年 1 月28日閲覧）。

13）厚生労働省雇用均等・児童家庭局「第 3 回保育士養成課程等検討会　議事要旨　2010
年 1 月18日」（https://www.mhlw.go.jp/shingi/2010/01/s0118-9.html、2022年12月10日
閲覧）。

14）厚生労働省雇用均等・児童家庭局「第 4 回保育士養成課程等検討会　議事要旨　2010
年 2 月 9 日」（https://www.mhlw.go.jp/shingi/2010/02/s0209-8.html、2022年12月 9 日
閲覧）。

15）厚生労働省雇用均等・児童家庭局「第 5 回保育士養成課程等検討会　議事要旨　2010
年 2 月26日」（https://www.mhlw.go.jp/shingi/2010/02/s0226-9.html、2022年12月 9 日
閲覧）。

16）徳広圭子「指定保育士養成校における『保育相談支援』の教授法――帰納法的演習の
試み――」『岐阜聖徳学園大学短期大学部紀要』46、2014年、41-50頁。

17）須永進「保育者養成の視点による子育て支援教育について」『三重大学教育学部研究

　　紀要』69、2018年、341-347頁。

18）前掲注3）。

19）片山美香「若手保育者が有する保護者支援の特徴に関する探索的研究——保育者養成校における教授内容の検討に生かすために——」『岡山大学教師教育開発センター紀要』6、2016年、12頁。

20）磯部美良「保育者養成校における子育て支援教育の教授法に関する検討」『武庫川女子大学大学院　教育学研究論集』17、2022年、2頁。

21）たとえば、立花直樹「保育現場の課題と保育士養成課程におけるソーシャルワーク科目の変遷」（『聖和短期大学紀要』7、2021年、21-34頁）がある。

22）武藤大司「保育士養成カリキュラム改正におけるソーシャルワーク関連科目の論点整理」『安田女子大学紀要』48、2020年、111頁。

23）厚生労働省雇用均等・児童家庭局「第8回保育士養成課程等検討会　資料4　保育士養成課程見直しの経緯　2017年10月4日」（https://www.mhlw.go.jp/stf/shingi2/0000186112.html、2024年1月29日閲覧）。

第8章
児童虐待とその対応

は じ め に

　日本における児童虐待は、2000（平成）12年に「児童虐待の防止等に関する法律」（以下、児童虐待防止法）が施行され約20年が過ぎた。厚生労働省「子ども虐待による死亡事例等の検証結果等について（第17次報告）（社会保障審議会児童部会児童虐待等要保護事例の検証に関する専門委員会）（令和3年8月）[1]」報告では、「施行から20年が経過した。この間、児童福祉法と合わせて8回の大きな改正が行われ、直近では令和元年の改正により、児童の権利擁護に関し、親権者等による体罰の禁止を法定化すること、児童相談所の体制強化に関し、躊躇なく一時保護に踏み切れるよう『介入』担当者と『保護者支援』担当者を分離すること、児童相談所に医師や保健師を必置とすること等の措置が講じられた。このように、児童虐待については発生予防、早期発見・早期の適切な対応、虐待を受けた子どもの保護・自立に向けた支援など、切れ目のない支援が行われるよう対策が推進されている。しかしながら、…（中略）…児童虐待に関する相談対応件数は増加し続けるとともに、虐待による死亡事例は後を絶たない」と指摘している。

　上述の指摘にもあるように、各種法整備や支援の推進にもかかわらず児童虐待は一向に減少の兆しをみせない。本章では、児童虐待の現状（概要）を説明し、その対応、対策のあり方、今後の課題を中心に論述していきたい。

1　児童虐待の現状

1　児童虐待通報件数の推移

　こども家庭庁「令和3年度 児童相談所での児童虐待相談対応件数[2]」によると、「令和3年度中に、全国225か所の児童相談所が児童虐待相談として対応した件数は207,660件で、過去最多」となっている（図8-1参照）。

　経年推移をみても、児童虐待防止法施行数年前から右肩上がりで増加している。主な増加要因について厚生労働省は次のように2点指摘している[3]。

　1点目は、心理的虐待に係る相談対応件数の増加（令和2年度：12万1334件→令和3年度：12万4724件（＋3390件））である。心理的虐待の増加は、子どもが見ている前でドメスティック・バイオレンス（以下、面前DV）が行われることであり、この面前DVが増加したことにより、DVを受けた人が警察に相談し、その結果、心理的虐待事案として警察から児童相談所へ通報することが増加したからである。

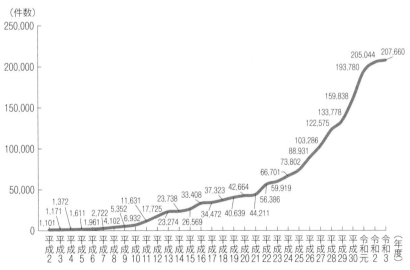

図8-1　児童相談所での児童虐待相談対応件数とその推移

（出所）こども家庭庁「令和3年度　児童相談所での児童虐待相談対応件数（速報値）『児童相談所での児童虐待相談対応件数とその推移』」より、一部を筆者改変。

　２点目は、家族親戚、近隣知人、児童本人等からの通告の増加（令和２年度：４万6521件→令和３年度：４万7949件（＋1428件））である。社会における児童虐待への認識や関心の広がりが挙げられる。また、虐待（体罰も同じ）としつけの違いや虐待対応が少しずつではあるが、社会に理解されるようになってきているのではないかと思う。この点は、児童虐待に対する施策や広報の成果であるといえる。

　また、こども家庭庁「令和３年度 児童相談所での児童虐待相談対応件数」の「児童相談所での虐待相談の内容別件数の推移[5]」をみると、「令和３年度は、心理的虐待の割合が最も多く、次いで身体的虐待の割合が多い」と指摘している（表8-1参照）。心理的虐待の増加については、上述のとおりであるが、身体的虐待についても、前年比減少がみられるが、実際には高止まりの状況である。保護者の中には、しつけと称して子どもに身体的な苦痛を与えてしまう行為も多いと思われる。繰り返しになるが、保護者への児童虐待の現状やしつけと虐待、体罰の違いに関する情報、学びを提供していくことが必要である。

表8-1　「令和３年度 児童相談所での児童虐待相談対応件数『児童相談所での虐待相談の内容別件数の推移』」

	身体的虐待	ネグレクト	性的虐待	心理的虐待	総　数
平成22年度	21,559 (38.2%)	18,352 (32.5%)	1,405 (2.5%)	15,068 (26.7%)	56,384 (100.0%)
平成23年度	21,942 (36.6%)	18,843 (31.5%)	1,460 (2.4%)	17,670 (29.5%)	59,919 (100.0%)
平成24年度	23,579 (35.4%)	19,250 (28.9%)	1,449 (2.2%)	22,423 (33.6%)	66,701 (100.0%)
平成25年度	24,245 (32.9%)	19,627 (26.6%)	1,582 (2.1%)	28,348 (38.4%)	73,802 (100.0%)
平成26年度	26,181 (29.4%)	22,455 (25.2%)	1,520 (1.7%)	38,775 (43.6%)	88,931 (100.0%)
平成27年度	28,621 (27.7%)	24,444 (23.7%)	1,521 (1.5%)	48,700 (47.2%)	103,286 (100.0%)
平成28年度	31,925 (26.0%)	25,842 (21.1%)	1,622 (1.3%)	63,186 (51.5%)	122,575 (100.0%)
平成29年度	33,223 (24.8%)	26,821 (20.0%)	1,537 (1.1%)	72,197 (54.0%)	133,778 (100.0%)
平成30年度	40,238 (25.2%)	29,479 (18.4%)	1,730 (1.1%)	88,391 (55.3%)	159,838 (100.0%)
令和元年度	49,240 (25.45%)	33,345 (17.2%)	2,077 (1.1%)	109,118 (56.3%)	193,780 (100.0%)
令和２年度	50,035 (24.4%)	31,430 (15.3%)	2,245 (1.1%)	121,334 (59.2%)	205,044 (100.0%)
令和３年度 （速報値）	49,241 (23.7%) (▲794)	31,448 (15.1%) (＋18)	2,247 (1.1%) (＋2)	124,724 (60.1%) (＋3,390)	207,660 (100.0%) (＋2,616)

（出所）こども家庭庁「令和３年度 児童相談所での児童虐待相談対応件数（速報値）『児童相談所での虐待相談の内容別件数の推移』」を筆者一部改変。

2　児童虐待の発生の要因

　児童虐待の対策を考える場合は、児童虐待がなぜおこるのかを考えなければならない。厚生労働省「子ども虐待対応の手引き」[6]では、「身体的、精神的、社会的、経済的等の要因が複雑に絡み合って起こると考えられている。虐待発生のリスク要因は明らかにされてきており、危機状況の家族や育児困難を感じている親子を見極めるための目安としては重要である」と示されている。そのリスク要因の一部を以下に示す。

　1つは、保護者側のリスク要因として、妊娠、出産、育児を通して発生するものと、保護者自身の性格や精神疾患等から起因するもの。

　2つに、子ども側のリスク要因として、乳児期の子ども、未熟児、障がい児など育てにくさを持つ子どもなどである。

　3つに、養育環境のリスク要因として、経済的不安のある家庭、夫婦の不和、DVなどがある場合、とされている。つまり、リスク要因となる家庭を把握するためには、適切なアセスメント（評価）が必要であり、保育所、幼稚園、認定こども園など（以下、保育施設）や小学校など教育機関では、家庭の状況を適切に把握することも必要になってくる。

　また、しつけと称した虐待や体罰も多くみられる。たとえば、身体的虐待については虐待をする保護者など（以下、被虐待者）の多くが虐待をしつけの一貫であると考えたり、一定の体罰は子育てに必要であると考えたりする体罰肯定の価値観などがいまだにある現状も無視できない。

　さらに、心理的虐待の増加では、DVそのものの増加も指摘できる。被虐待者は、DVが心理的虐待（子どもの面前DV）に当たることは理解されていないのかもしれない。それ以上に、DVが人権侵害であることも認識が不足しているのではないかと考えられる。家庭内における暴力、虐待を受けることは人権侵害であることを理解することが重要である。

　すなわち、すべての人々が、子どもの権利（すべての人々の権利）、尊厳を守ることなど人権意識の醸成を図っていく必要がある。まずは、その手立ての一つに、保育施設や小学校など教育機関が保護者や地域社会の人々への子どもの権利に関する啓蒙に努めることも有効である。そのためには、保育者、教職員などが子どもの権利について専門的に学び理解しておく必要がある。子どもの権

利に関する研修・教育の充実が求められる。

2　児童虐待の対応

1　保護者のしつけと体罰の違いについての学び

　しつけと虐待、体罰の違いは明確ではない。保護者のなかには、しつけと称しての体罰、あるいは食事を与えない、強い行動の抑制などが行われることがある。保護者からは、「自分が小さい時に悪いことをしたら叩かれた、外に出された、夕飯を食べさせてもらえなかった、そこで自分の悪さを理解した。だから、自分の子どもにも社会に迷惑をかけないように厳しくしつけている」と話す人もいる。また、別の保護者は「私は子どもの時から運動にがんばってきた。そこでは、怒られる、怒鳴られる、叩かれることは普通の出来事で、私自身も多くのことを学んできた。叱られる、叩かれることも子どもの成長にとっては大切な経験だ」と自分の体験を正当化するような意見もある。保護者も自己否定することはとても難しいことではある。しかし、虐待、体罰は子どもの権利を著しく侵害することであり、子どもの将来に負の傷を残してしまうことを忘れてはならない。

　では、保護者がなぜ虐待や体罰をしてしまうのか、この点についてはただ単に虐待はダメだ、子どもの権利侵害だと訴えても保護者の行為が変わるとは考えにくい。保護者の価値観やこれまでの育ちの中で、体罰（痛みを与えること）が子どもの育ちに、特にしつけにとっては有効であると考える傾向にある場合は、子どもへの体罰の悪影響、また、体罰としつけは別のものであることを認識する必要がある。厚生労働省「体罰等によらない子育てのために〜みんなで育児を支える社会に〜[7)]」では、体罰としつけについて以下のように示されている。

　まず、「2　体罰は『やむを得ない』のか」の項目である。そこでは、「子どもが思ったとおりに行動してくれず、イライラしたときに、『子どものしつけのためだから仕方ない』として、体罰をしていませんか。本当に体罰をしなくてはいけないのか、もう一度考える必要があります」。この指摘を大人は真摯に受けとめることが重要ではないだろうか。つまり、体罰以外に方法はないの

か、あるいは、自分の感情で体罰をしていないのか、この点を冷静に考えることが必要である。体罰容認の意見はいまだに多い。まずは、体罰は子どもの権利を侵害することをすべての人々が知ることから始まるのではないだろうか。そのためには、保護者など大人が虐待としつけについて学ぶ機会を持つことも必要である。

2　子どもの支援──今と未来への希望──

　本項では、子どもの支援についても述べておきたい。子どもの支援で大切なことは、1つに、今を幸せに生きることと、2つに、未来に夢を持ち生涯にわたり幸せな人生を送ることができるようになるように支援することである。

　そのためには、子どもが今を幸せに生きることをどのように実現するかを考える必要がある。虐待から子どもを守り子ども自身が前向きに、そして主体的に行動できるような支援を検討する必要がある。つまり、子どもが将来の幸せを享受するためには、今、この瞬間を幸せに生きること、それを体感（実感）すること、そして、1日1日の幸せの積み重ねが将来の幸せにつながることを保護者が認識し日々の子育てに関わることが必要であろう。

　では、子どもの幸福について考えてみたい。伊藤良高は「子どもの『幸福』とは何かについて、その内容を明確に示したり、簡潔に述べたりすることはそう容易いことではない。なぜなら、その概念自体が歴史的、社会的に変化するものであるし、また、様々な側面から捉えることができるからである[8]」と子どもの幸福の考え方について述べている。つまり、保護者は子どもの幸福を考える上で、子どもの幸福追求の難しさも知っておくことが必要である。いかに子どもが幸せに生きることができるか、そのために保護者は何ができるか、常にその意識を持つことが大切である。

　また、伊藤は「子どもの『幸福』と保護者の『幸福』を総合的・統一的にとらえていく必要がある[9]」と述べ、子どもの支援において、子どもの幸福と保護者の幸福が同時並行的に実現するような支援が必要であることを指摘している。すなわち、子どもの未来への希望の架け橋には、子どもへの適切な支援と同時に、保護者への支援が必要である。つまり、児童虐待の対応としては、虐待を受けている子ども（以下、被虐待児）への支援と同時にその保護者に対する

適切な支援の体制作りが求められるのである。

3　児童虐待防止対策と今後の課題

1　虐待防止の推進対策について

　児童虐待防止対策のための今後の課題について述べる。厚生労働省「児童虐待防止対策の更なる推進について（児童虐待防止対策に関する閣僚会議）」[10]が令和4年9月にまとめられた。一部注目するポイントを以下に示す。

1　こどもの権利擁護

　「こどもの権利擁護の環境整備の都道府県業務、児童相談所等が行うこどもの意見聴取等の措置、こどもの意見表明等を支援員が支援する意見表明等支援事業について、その体制整備を支援し、着実に実施する」とあり、子どもの意見表明権の支援が動き出している。

2　児童相談所及び市町村の体制強化

　「児童相談所及び市町村の人員体制等の質・量双方の強化」として、「児童相談所の体制強化」があり、「児童福祉司等の人材確保のための必要な支援に取り組む」と示されている。

　また、「市町村の体制強化」では、「児童福祉と母子保健の連携・協力を一層進め、虐待予防や家庭支援を充実するため、令和4年改正児童福祉法により、子ども家庭総合支援拠点と子育て世代包括支援センター双方の機能を維持した上で組織を見直し、一体的な相談支援を行う『こども家庭センター』の設置に努めることとし、その全国展開を図る」を示されている。

　さらに、「こども家庭福祉の認定資格の導入等による資質の向上」として、「児童相談所、市町村、さらには児童福祉施設や地域子育て相談機関などこども家庭福祉の現場に、ソーシャルワーク等の専門性を十分に身につけた人材を早期に輩出するため、令和4年改正児童福祉法に基づき、一定の実務経験のある有資格者や現任者が取得する認定資格を導入する」として、子ども・保護者支援の新たな資格制度の導入も検討されている。

3　児童虐待の発生予防・早期発見

　「相談・支援につながりやすい仕組みづくりや相談窓口の周知」として、「児

童虐待を受けたと思われるこどもを発見した人が速やかに通告することや、子
育てに関する悩み相談などを幅広く相談することができるよう児童相談所虐待
対応ダイヤル「189（いちはやく）」及び児童相談所相談専用ダイヤル「0120－
189－783（いちはやく・おなやみを）」についてインターネットやリーフレットの
配布等で周知広報してきたところであるが、認知度の更なる向上のため、引き
続き周知広報に努める」としている。

　「学校等における虐待等に関する相談体制の強化」では、「スクールカウンセ
ラーやスクールソーシャルワーカーの配置促進を図っているところであるが、
引き続き、教育相談体制の促進を図る」となっている。

　また、「学校・教育委員会における児童虐待防止・対応に関する研修等の充
実」として、「児童虐待の早期発見のため、引き続き、学校・教育委員会と児
童福祉部局等との緊密な連携を行い、学校・教育委員会における児童虐待への
対応を強化するため、学校の教職員・学校医等が留意すべき事項を記載したマ
ニュアルを全国会議等の機会を通じて周知する」と示されている。

　上述のように、児童虐待防止対策はそれぞれの分野で体制強化を図ってい
る。児童虐待防止対策を円滑に推進するためには、児童相談所、保育施設や教
育機関、行政、地域住民など各関係機関と関係者が協働し連携していくことが
必要である。

2　今後の課題

　最後に、筆者が考える児童虐待の対応について課題を 2 点述べておく。

　まず、1 点目は、「社会的養護の充実」である。児童虐待防止対策は重要で
ある。ただし、同時に、被虐待児への支援の充実させることが必要である。被
虐待児が安心で安全な生活環境と心理的支援や学習支援、そして生活支援とし
て基本的生活習慣の獲得など幅広い支援が必要である。

　具体的な対応については、厚生労働省「社会的養育の推進に向けて」[11]では、
「家庭と同様の環境における養育の推進」が示され、「より家庭に近い環境での
養育の推進が図られることの必要」が明示されている。また、同時に、上述し
たように「児童が家庭で健やかに養育されるよう、保護者を支援」することも
示されている。さらに、「社会的養護の原理」にある、「① 家庭養護の個別化、

② 発達の保証と自立支援、③ 回復を目指した支援、④ 家族との連携・協働、⑤ 継続的支援と連携アプローチ、⑥ ライフサイクルを見通した支援など幅広い対応」が必要となってくる。このことからも、社会的養護として子どもの支援に携わる専門職の専門性の向上が求められる。

　2点目は、「保護者支援の充実」である。児童虐待の発生予防、早期発見・早期の適切な対応から、保護者を支える人材育成が必要となるのではないだろうか。その役割を担うことが期待されるのが保育者である。当然、保育者は負担が大きくなるが、子どもの育ちと保護者との関わりの第一線にいるのは保育者であろう。保護者に身近な保育者が保護者支援の第一人者となることで、保護者が相談しやすい環境ができると考えられる。そのための専門性としてソーシャルワークの知識と技術の習得も有益であろう。つまり、保育の専門性とソーシャルワークの専門性を有する保育者の活躍が期待される。この点について、先述した「こども家庭福祉の認定資格」が担うことを期待したい。

おわりに

　これまで、児童虐待とその対応について述べてきた。実際に児童虐待の状況は改善されているとは言いがたい。子どもの最善の利益、そして、子どもが今を幸福に行き、そして、将来（未来）も前向きに明るく夢や希望を持ち幸福に生きていくための手立てを考え続ける必要がある。子どもの幸福は制度や施策だけで成立するものではない。社会全体で子どもの育ちを支える意識を醸成することが重要である。

　将来の日本を支える子どもたちが夢や希望、そして幸福を追求できるような環境を構築するために今できることを着実に実行していくことが必要である。それは、子どもの支援と同時に、保護者の支援、そして、困っている人に手を差し伸べる優しさかもしれない。互いが助け合い、そして協力して生きていける社会が日本が目指す「共生社会」であろう。

注

1）厚生労働省「子ども虐待による死亡事例等の検証結果等について（第17次報告）（社会保障審議会児童部会児童虐待等要保護事例の検証に関する専門委員会）（令和 3 年 8 月）」（https://www.mhlw.go.jp/content/11900000/000825392.pdf、2022 年 12 月 10 日閲覧）。

2）こども家庭庁「令和 3 年度 児童相談所での児童虐待相談対応件数」（https://www.cfa.go.jp/assets/contents/node/basic_page/field_ref_resources/a176de99-390e-4065-a7fb-fe569ab2450c/1cdcbd45/20230401_policies_jidougyakutai_07.pdf、2024 年 1 月 24 日閲覧）。

3）前掲注 2 ）。

4）しつけと虐待の違いについては、文部科学省、厚生労働省がそれぞれに見解を示している。また、虐待対応については、文部科学省「学校・教育委員会等向け虐待対応の手引き」令和 2 年 6 月改定版、などが参考になる。

5）前掲注 2 ）。

6）厚生労働省「子ども虐待対応の手引き」（https://www.mhlw.go.jp/bunya/kodomo/dv12/00.html、2023 年 3 月21日閲覧）。

7）厚生労働省「体罰等によらない子育てのために～みんなで育児を支える社会に～」『体罰等によらない子育ての推進に関する検討会』令和 2 年 2 月（https://www.mhlw.go.jp/content/11920000/minnadekosodate.pdf、2023年 4 月 1 日閲覧）。

8）伊藤良高「親と子の『幸福』と子ども家庭福祉」、伊藤良高・永野典詞・三好明夫ほか編『改訂新版　子ども家庭福祉のフロンティア』晃洋書房、2020年、1 頁。

9）前掲注 8 ）、5 頁。

10）厚生労働省「児童虐待防止対策の更なる推進について」児童虐待防止対策に関する閣僚会議、令和 4 年 9 月 2 日（https://warp.da.ndl.go.jp/info:ndljp/pid/12764107/www.mhlw.go.jp/content/11900000/000982089.pdf、2024年 1 月24日閲覧）。

11）厚生労働省子ども家庭局家庭福祉課「社会的養育の推進に向けて」令和 4 年 3 月31日（https://www.mhlw.go.jp/content/000833294.pdf、2023年 3 月21日閲覧）。

第9章
食育を通して行う保護者支援

は じ め に

　国民全世代に食育重要性が問われて18年が経とうとしている。その間、保育所の役割も「保育所保育指針」の改訂に伴い変化している。保育の専門性を生かしながら保育所に入所している子どものケアからその保護者への支援、地域の子どもと保護者支援と支援対象者に対する役割も大きくなってきた。本章では、「食育」の重要性について述べるとともに、保育所における食育推進の中で、保護者支援（連携）を行っている事例について述べていきたい。

1　食　育

1　食育基本法
　「食育基本法」[1]は、2005年年6月に公布された。食育基本法の成立背景には、同法の前文に示してあるように、① 社会経済情勢がめまぐるしく変化し、日々忙しい生活を送るなかで、人々は、毎日の「食」の大切さを忘れがちである。② 食生活の改善の面からも、自ら「食」のあり方を学ぶことが求められている。③ 地域の多様性と豊かな味覚や文化の香りあふれる日本の「食」が失われる危機にある。という社会環境の変化がある。そのため、「すべての国民が心身の健康を確保し生涯にわたって生き生きと暮らすことができるようにすることが大切である」と食育の大切さを示してある。

2　食育基本法における保育所の役割
　同法前文では、「子どもたちが豊かな人間性をはぐくみ。生きる力を身に付

けていくためには、何よりも『食』が重要である」と食の重要性について言及している。子ども期の食育の重要性について、「子どもたちに対する食育は、心身の成長及び人格の形成に大きな影響を及ぼし、生涯にわったて健全な心と身体を培い豊かな人間性を育んでいく基礎となるものである」と述べている。そのため、同法第5条では、「教育、保育等における食育の重要性を十分自覚し、積極的に子どもの食育の推進に関する活動にとりくむこと」と子どもの食育における教育関係者等の役割を明記している。保育園での給食提供は、栄養のバランスを考えた食事の提供から、子ども自身が遊びの中から身に付ける栄養についての学びとしての食育活動が行われている。また、同法第6条で、「食に関する様々な体験活動を行う」場としての学校や保育所の役割についても述べている。保育所の食に関する体験として、植物を植える、成長を観察する、収穫する、料理をする、一緒に味わってたべる、振り返りを行うなど一連の食に関する体験活動を行ってきた。

3　「第4次食育推進基本計画」[2)]

食育水資金基本計画は、国民運動として食育を推進するにふさわしい定量的な目標値を主要な項目について設定し、第4次食育推進計画は、2021年度からおおむね5年間で取り組んでいる。第4次食育推進計画は、2015年9月の国連サミットで採択された国際開発目標の「SDGs（持続可能な開発目標）」を取り入れている。第4次食育推進基本計画の取り組むべき重点事項としては、① 生涯を通じた心身の健康を支える食育の推進、② 持続可能な食を支える食育の推進、③「新たな日常」やデジタル化に対応した食育の推進を定めている。食育の推進に当たっての目標は、① 食育に関心を持っている国民を増やす、② 朝食又は夕食を家族と一緒に食べる「共食」の回数を増やす等の16目標がある。同計画では、就学前の子どもの食育の推進について、「保育所保育指針」にもとづき、食育を教育及び保育の一環として行うことを明記してある。また、食育の指導に当たっては、園長を始め保育士、栄養士、調理員等の協力の下に食育計画を作成することを明記しており、特に一日の多くの時間を過ごす保育園では、健康な生活の基本としての「食を営む力」の育成にむけ、子どもが生活とくに遊びのなかで主体的に食の体験を積み重ねることができるように

することが求められている。さらに、保育所の人的・物的環境を生かし、入所している子どもおよび保護者だけではなく、地域の子育て家庭からの乳幼児の食に関する相談への対応や情報提供等に努めることも求められている。

2　保育の中の食育

1　「保育所における食育に関する指針」

　厚生労働省の『楽しく食べる子どもに～保育所における食育に関する指針～』[3)]（平成16年3月、平成15年度児童環境づくり等総合調査研究事業保育所における食育の在り方に関する研究班）では、「食べることは生きることの源であり、心と体の発達に密接に関係している。乳幼児期から、発達段階に応じて豊かな食の体験を積み重ねていくことにより、生涯にわたって健康で質の高い生活を送る基本となる「食を営む力」を培うことが重要である」と述べられており、食育の重要性を示している。また、同指針による、食育の目標として、保育所における食育は、楽しく食べる子どもに成長していくことを期待しつつ、以下の子ども像の実現を目指している。

　　① お腹がすくリズムがもてる子ども
　　② 食べたいもの、好きなものが増える子ども
　　③ 一緒に食べたい人がいる子ども
　　④ 食事づくり、準備にかかわる子ども
　　⑤ 食べものを話題にする子ども

　上にかかげた子ども像は、「保育所保育指針」の第1章総則　保育所保育に関する基本原則（2）保育の目標を食育の観点から、具体的な子どもの姿として現したものである。

　保育所保育指針の保育目標
　（ア）十分に養護の行き届いた環境の下に、くつろいだ雰囲気のなかで子どもの様々な欲求を満たし、生命の保持及び情緒の安定を図ること。
　（イ）健康、安全など生活に必要な基本的な習慣や態度を養い、心身の健

康の基礎を培うこと。

（ウ）人との関わりの中で、人に対する愛情と信頼感、そして人権を大切にする心を育てるとともに、自主、自立及び協調度を養い、道徳性の芽生えを養うこと。

（エ）生命、自然及び社会の事象についての興味や関心を育て、それらに対する豊かな心情や思考力の芽生えを培うこと。

（オ）生活の中で、言葉への興味や関心を育て、話したり、聞いたり、相手の話を理解しようとするなど、言葉の豊かさを養うこと。

（カ）様々な体験をとおして、豊かな感性や表現力を育み、創造性の芽生えを培うこと。

　食育に関する5つの子ども像は、保育所保育指針の保育の目標を食育からみた期待するこどもの姿になる。

　①の「お腹がすくリズムのもてる子ども」になるためには、保育の目標の（ア）と（イ）で述べられてように、保育所での一日の生活リズムを安定させ、子ども自身が空腹感を得られるように保育することが大切である。

　②の「食べたいもの、好きなものが言える子ども」になるためには、保育の目標の（エ）と（カ）にあるように、さまざまな体験を通して食べ物に興味をもつ気持ちを養うとともに自分自身の成長を実感できるように保育すること。

　③の「一緒に食べたい人がいる子ども」になるには保育目標の（ウ）で述べられているように、人との関わりのなかでの愛情や信頼感は生まれる。そのため食育を通して、皆で準備し、一緒に食べて楽しむということが大切である。

　④の「食事づくり、準備にかかわる子ども」になるには、保育目標の（ア）と（イ）でのべられているように、生命の保持や生活に必要な基本的な態度を培うこととなる。食育では、食べることが生きることにとって大切であることを実感できる子どもになるようにすることである。

　⑤の「食べ物を話題にする子ども」となるためには、保育の目標の（エ）（オ）（カ）で述べられているように、生きる喜びを感じ、自然に興味を持ち、さまざまな体験をすることが大切である。食育では、食材の栽培の体験をとおしていのちを育む営みや、友人に伝え合う言葉の豊かさを養うことが大切であ

る。

　食育の５つの子ども像は、①から⑤までが一つひとつ目標として期待される
のではなく、相互に影響しながら統合するものである。

2 保育所保育指針

「保育所保育指針⁴⁾」では、第３章健康と安全２食育の推進として以下のよう
に示されている。

　　１）保育所の特性を生かした食育
　　　ア　保育所における食育は、健康な生活に基本としての「食を営む力」
　　　　　の育成に向けてその基礎を培うことを目標とすること。
　　　イ　子どもが生活と遊びの中で、意欲をもって食に関わる体験を積み重
　　　　　ね、食べることを楽しみ、食事を楽しみ合う子どもに成長していくこ
　　　　　とを期待するものであること。
　　　ウ　乳幼児期にふさわしい食生活が展開され、適切な援助が行われてい
　　　　　るよう、食事の提供を含む食育計画を全体的な計画に基づいて作成
　　　　　し、その評価及び改善に努めること。栄養士が配置されている場合
　　　　　は、専門性を生かした対応を図ること。
　　２）食育の環境の整備等
　　　ア　子どもが自らの感覚や体験をとおして、自然の恵みとしての食材や
　　　　　食の循環・環境への意識、調理する人への感謝の気持ちが育つよう
　　　　　に、子どもと調理員等との関わりや、調理室など食に関わる保育環境
　　　　　に配慮すること
　　　イ　保護者や地域の多様な関係者との連携及び協働の下で、食に関する
　　　　　取り組みが進められること。また、市長村の支援の下に、地域の関係
　　　　　機関等との日常的な連携を図り、必要な協力が得られるように努める
　　　　　こと。
　　　ウ　体調不良、植物アレルギー、障害のある子どもなど、一人一人の子
　　　　　どもの心身の状態等に応じ、嘱託医、かかりつけ医等の指示や協力の
　　　　　下に適切に対応すること。栄養士が配置されている場合は、専門性を

生かした対応を図ること。

　「保育所保育指針」（2018年 3 月）の改正では、食育の推進として、食の提供を含む食育計画を全体的な計画にもとづいて作成することや栄養士等の専門性を生かした対応が求められた。また、食育の環境の整備として、食育を家庭とともに園で進めることの必要性が強調された。

3　保育所における食育事例

　筆者が、「保育研究大会」で助言者として関わっている食育分科会での園の取り組みから、「連携」した取り組みについて述べる。

1　地域の連携を利用した食育活動「食育ノート」の活用

　A園では、「食育ノート」を2012年度から 3 歳以上児を対象として取り組んでいる。A園での取り組みのきっかけは、A園で行っていた放課後児童クラブの小学生が持参していた「食育ノート」が担当保育士の目に留まったことに始まる。「食育ノート」は、A園の B 町での小中学校での食育活動の一環として栄養教諭によって作成され平成23年度より実践されていた。また、B 町では「食育共通実践年間計画」を作成するにあたり、私立保育園 6 園の給食担当者、学校給食の栄養教諭、役場福祉保健課の管理養子で構成される委員会を立ち上げて取り組んでいた。

　A園の「食育ノート」のねらいは、「保育園と家庭が連携し親子のコミュニケーションを通して楽しく食への意識を高める」となっている。内容としては、調理師が食育目標に関連した情報提供や、給食レシピの、園での食育活動の紹介である。そのうえで、月のうち 5 日間の取り組みとして、食題（食に関する宿題）に取り組んだ結果について記入し家庭からのコメントを受け、調理師からの返信コメントをノートに記入するものとなっている。1 人の園児につき 3 年間毎月 5 日間、1 年間60日、3 年間で180日も家族で食題に取り組むことになり、第 2 子、第 3 子がいる家庭では、さらに長い期間取り組んでいる。

　B町は、小さな町の特性を生かして保育園と小学校で毎月19日を「食育の

日」として家庭で同じ食題に取り組むため家族間に食に対する共通の話題が生まれ家庭での食育に取り組みやすい環境を作っている。また、「食育ノート」は、家庭での食題への取り組みについて、調理師が丁寧なコメントを食育ノートに書き続けることで、家庭からのコメントも徐々に増え信頼関係が構築されている。

2　朝食の質を高める活動

　C園では、子どもと家族が遊びの中で取り組める活動として「もぐもぐカード」を作成した。子どもたちが食べてきた朝ごはんの内容を「もぐもぐカード」に保護者が記入し、園で子どもが「赤」血や筋肉を作る・「黄」熱や力になる・「緑」体の調子を整えるの３つの項目に合わせて色塗りをする活動を一週間行った。実施後の家庭からのアンケートでは、カードに記入することにより改めて食事のバランスを考え、子どもから食材の提案がされるなど朝食の質を考える機会を得たと記載されていた。

3　保育士と調理師との連携「食べ物列車」が給食メニューへ

　D園では、３歳以上の異年齢クラスで保育を実施している。子どもに食べ物の役割や給食を全部食べることの意味について理解を促すために、４歳児５歳児が３大栄養素の色になった列車を描き、給食のメニューの材料の絵を列車に貼る遊びを行った。その結果、子どもたちは食材に興味を持つと同時に列車が多くの食材で埋まる楽しさも学ぶことができた。「食べ物列車」は、D園でのごっこ遊びでの「お弁当作り」に発展する。メニューは子どもたちが話し合って考え、フードパックや画用紙、花紙などを材料にお弁当を製作し、園庭でのピクニックごっこ遊びに発展することとなった。

　D園の保育室と給食室はガラスで仕切られており、普段から子どもたちと給食員がコミュニケーションを取りやすい環境にある。子どもたちが製作していた「お弁当作り」の過程で実際に食べてみたいとの声を給食員が拾い上げ、ごっこ遊びの10日後に子どもが栄養バランスを考えたメニューの給食を提供することができた。子どもは自らが栄養バランスを考えたお弁当が給食で提供されたことに喜びと達成感を得ることができた。

　家庭へは、これまでの一連の食育活動の取り組みについて、おたよりで発信するとともに家庭で取り組めるように「食べ物列車」を配付した。取り組みについて保護者より多くの反響があり、家庭で子どもと一緒にお別れ遠足のお弁当メニューを考えるようお願いをした。当日は、子どもを中心に自分が考えたメニューの内容について列車の色を教え合う子ども同士の姿も見られた。

4　基本的な生活習慣が見につく取り組み

　「食べる意欲」「食習慣」を身に付けるためには基本的な生活習慣が大切だと考えており、E園全体として以下の取り組みに力を入れている。
　1つ目は、朝の体育遊びの充実である。朝の体育遊びとして、ラジオ体操、跳び箱、雲梯、鉄棒、かけっこ等をし、体をしっかりと動かし、子どもたち自身がお腹がすく感覚を持ち給食の時間を待ち遠しいとおもえる環境づくりを行っている。
　2つ目は、保護者の協力を得るための「頑張りカード」を2019年5月より実施している。「頑張りカード」（未満児さんは「にこにこカード」という名前にしている）とは基本的生活習慣（寝る・起きる・食べる）が少しずつ続くようにと始めたもので、睡眠時間、朝食内容等を一週間記入してもらうカードになっている。最初の頃は空白があった欄も頑張りカードの各クラス集計を保護者便りに掲載した結果、年々保護者の方から家庭での寝る前の読み聞かせが増え、朝食メニューが一品増えたなどの声が寄せられるようになった。

5　保護者への発信方法について

　保育園からのお知らせには、協力依頼の文章が多くなりがちである。そこでF園では、当日の保育活動について保護者との情報共有の方法として、ICT保育システムを活用している。子どもの生き生きと活動する姿や、上手くいかない姿、活動の途中の様子等を当日に写真とメッセージを添えて配信している。その中で、旬の食材を使用した献立をレシピや写真を食育からの家庭支援として掲載している。保護者がお迎えの時間で子どもと今日の園での様子を話ながら帰宅している様子も見られ、保護者と園を繋ぐICT保育システムの活用の有効性が見られる。

おわりに

　野口孝則は、「本来の食育の実践の場は、『家庭』であり、家庭での食育実践を保育園がどのようにサポートすることができるかということを考えていくこと」[5]が大切であると、保育園の食育の在り方をのべている。そのため、「保育園が1から10まですべて食育を担うのではなく、家庭における食育の1から10をスムーズに展開してくための手段・手法やそのヒントとなることを、保育園から発信していくことを強く推進」と述べている。つまり、保育者、栄養士、調理員、看護師がそれぞれの専門性を生かしながら、保護者と連携しながら子どもの「食を営む力」を育ててることが大切である。

　保育園から発信していく手段として、ICT機器やお便り等の園が保育現場での取り組みについて発信することも大切である。発信したものをどのように保護者が受け取ったかについて、保護者からのコメントを書くノートの活用も事例では、大いに有効であることが理解できた。しかし、全ての保護者が保育園からの発信に対して興味関心を持つことは難しく保育園からの食育の内容に関わらず情報を受取り生かすことが難しい家庭がある。

　公立保育園の食育研究グループの研修会に参加した際、各園の先生方の発表にて、全ての家庭と園を繋ぐ、情報発信の仕組みについて話題になった。ICT機器は、スマートフォンが1人に1台ある時代では便利に見れるツールではある。しかし、「情報を見た」と「情報を自分のものとして捉える」の違いは大きなものがある。全ての家庭との連携に対し情報を伝えるのは、「子ども」の存在である。日々の保育の中で、子どもの「楽しい」「やりたい」「どうして」「うまくできた」「うまくできなかった」という感情を引き出す保育実践をすることにより、子ども自身が、保護者への伝えるメッセンジャーとなり、家庭と保育園の双方向性のある情報発信が可能となるのではないだろうか。

注

1）農林水産省「食育基本法（2005年法律第63号）」最終改正、2015年 9 月11日法律第66号（https://www.maff.go.jp/j/syokuiku/pdf/kihonho_27911.pdf、2022年10月20日閲覧）。

2）内閣府「第 4 次食育推進基本計画」2021年 3 月、 1 –21頁（https://www.mhlw.go.jp/content/000770380.pdf、2022年10月20日閲覧）。

3）厚生労働省「楽しく食べるこどもに～保育所における食育に関する指針」厚生労働省雇用均等・児童家庭局保育課長、雇児保発第0329001号、2004年 3 月29日、No. 1 – No. 3 （https://www.mhlw.go.jp/shingi/2007/06/dl/s0604-2k.pdf、2022年10月20日閲覧）。

4）厚生労働省編『保育所保育指針解説』フレーベル館2018年、310–315頁。

5）野口孝則「保育園での食育実践講座：体と心の健康・地域の食文化・災害時の対応 第 2 回 今、なぜ食育が必要とされるのか――日本の現状から考える――」『保育通信』746、2017年、21頁。

```
┌─────────────────────────────────────────────┐
│                                               │
│               第10章                          │
│        地域療育現場と保護者支援                │
│   ──保育士の当事者性と共有される経験と記録──  │
│                                               │
└─────────────────────────────────────────────┘
```

は じ め に

　一般的に保育士といえば保育所で働いていることを想像すると思うが、あらゆる施設で多岐にわたって働いている。実際に筆者は保育士として保育所や障害児通所型の地域集団療育事業に努めてきた。保育所で経験を積み、障害児通所型の地域集団療育事業にて療育に携わるようになったが、保育所で勤務している頃とは必要な視点や知識が違い戸惑う事が多かった。視点の違いにおいて森本誠司によると「保育士は、作業療法士が遊ばせている場面だけを見ても、活動の意図や介助の仕方が分からず、自分たちの保育に応用できない壁を感じることが出来た。視点の相違としては集団での安全性や社会性、協調性を重視するなどの優先する視点があるとしている[1]」としており、この点は実際に保育所から障害児通所型の地域集団療育事業に異動した際に重々に感じたことである。保育士がさまざまな場所で活躍をする反面、求められる専門性も大きく変化し、現場や研修でその知識や専門性を培っている。他専門職との視点の違いや培ってきた経験から保育士が療育に携わることで発揮される専門性があるのではないかと考えた。

　2005年4月より施行された「発達障害者支援法」にて「発達支援とは、発達障碍者に対し、その心理機能の適正な発達を支援し、及び円滑な社会生活を促進するために行う発達障害の特性に対応した医療的福祉的及び教育的援助をいう」とされ、国及び地方公共団体では発達障害の早期発見、早期支援を行う事が重要[2]とされた。早期療育では早い段階で子どもに対して、適切な医療的リハビリテーションや指導訓練を受けることができ、子どもが幼児期から生活能力の向上や障害の軽減を図ることができる。2012年児童福祉法の改正において、

従来の障害種別に分かれていた施設体系が一元化され障害のある子どもが身近な地域で適切な支援を受けられるようになった。しかしそれに伴い、保護者が子どもの特性に向き合うタイミングも早くなり、子どもが幼少期の頃から不安や葛藤を抱く事が想像できる。

保育士は現行の保育所保育指針 第4章「子育て支援[4)]」にあるように子どもへの関わりのみではなく、相談援助を初めとした保護者の子育てを支え、小学校等の地域との連携や交流等により地域とのつながりを作る役割を担っている。保育士が療育事業に携わる事で前述した早期から保護者の不安を感じる要因や子どもの自尊感情の喪失の可能性、地域からの孤立化を軽減できるのではないかと考え、保育士ならではの事業の展開ができるのではないかと考えた。

本章では、K県K市の障害児通所型の療育事業の記録を分析し、療育に携わる保育士が保護者支援において発揮する専門性を検討することを目的とする。事業を利用する中での子どもと保護者の関係性の変化や保育士ならではの保護者への支援を読み取り、保育士ならではの事業の展開や今後の発展に繋げていきたい。

1 障害児通所型の地域集団療育事業の記録の分析

K県K市で行われている療育事業は障害児通所型の地域集団療育事業は母子参加型で、週に1回ずつ地域の特別な支援が必要な子どもと保護者を対象に5名程度の小集団で療育を行う。言葉を促す活動や趣旨の動きを促す活動、運動あそび等を取り入れて子どもたちの成長・発達を促している。生活に必要な動作の獲得の為、カバンや水筒等の所持品の整理や衣服の着脱、排泄、歯磨き等も活動に取り入れている。

保育士のみで事業を運営しており、質の確保や向上については研修や地域の児童発達センターからの定期支援等を活用して行われている。利用者に対しては事前に保護者に対して説明や面談を行い、受容と傾聴の姿勢を留意し保護者の不安の軽減に努め、信頼関係の構築につなげる。保護者のニーズや子どもへの理解、家庭背景（保護者の許可を得て保健センターとの情報も共有）を把握する。体験等を含めた一定の期間後、今後の目標や方針を保護者と共に決めていく。

活動ごとに活動計画書を作成し、前回を振り返りつつ活動の説明や気を付けて見てほしい点を伝える。活動後には振り返りを行い、できたことや保護者のニーズ等を聞くようにしている。今回は以前の利用者の記録を使用した。

1 対象および方法
1 対象
K県K市の障害児通所型の地域集団療育事業の過去の記録を用いている。4〜5歳児3名分の個人記録、活動記録表、個別支援計画等の記録。

2 記録の収集および分析方法
1．K市役所内で行われている地域集団療育事業利用者の各記録を表に書き起こした。
2．表の内容を木下康仁が開発したM-GTA（修正版グラウンデッド・セオリー・アプローチ）の手法を用いて分析した。
3．分析方法の選定
　保育士のアプローチによる利用者への影響を分類化し、記録の文脈から内容を解釈するM-GTAを分析方法として選択した。
4．分析の手順の説明
　M-GTAはデータの分析にあたって分析テーマに沿って分析焦点者の視点で概念を生成し、概念の相互関連を抽出し、分析結果を確認するためのストーリーラインにまとめるまでが一連の作業である。分析焦点者を「保育士が行う地域集団療育の利用者」とし、分析テーマを「地域療育に保育士が参入することで得られる専門性」と設定した。日々の活動記録や個人記録の中から具体例を抽出し、解釈しながら概念を生成した。

2 倫理的配慮
　今回使用する各記録については、事業の責任者に了承を得て、個人の情報を確実に守り、不利益を被らないことを約束し記録を使用した。利用者の様子を表10-1、療育で行う援助のサイクルを表10-2、生成した概念を表10-3に記載する。

表10-1　使用した記録の利用者の様子

氏名（事業利用時の年齢）	診断名及び主な様子	保護者のニーズ
A（3～5歳）	・自閉症スペクトラム ・室内で足に装具を身につける	・落ち着いて友達と会話し、やり取りをして欲しい
B（3～5歳）	・言語でのやり取りが難しい ・周囲に注目がいき、視線を合わせてのやり取りが成立しにくい	・トイレの自立と紙パンツが外れてほしい ・診断がつくことに抵抗がある
C（3～5歳）	・大きな音に敏感になる ・トイレでの排便に抵抗あり	・同年齢児との関わりを楽しんでほしい

（出所）秋月克敏「障害児通所支援の療育事業における保育士の専門性に関する研究——保護者支援の観点からの考察——」熊本学園大学大学院社会福祉学研究科社会福祉学専攻修士学位論文、2022年より、表10-2、10-3、図10-1も同。

表10-2　利用者への援助サイクル

・保護者面談 ・保護者活動見学 ・個別支援計画作成 ・活動計画表作成 ・事前ミーティング（保育士） ・環境の設定 ・保護者へ活動内容説明	・活動実践 ・保育園訪問（年1～2回） ・活動中の声掛け ・利用者の実態の把握	・保護者と活動後振り返り ・事後ミーティング（保育士） ・環境の再設定 ・児童発達支援センターから定期支援（年1～2回） ・小学校訪問の同伴と情報提供（年長児のみ） ・就学支援説明本の作成（年長児のみ）

表10-3　生成した概念

概念名	定義
療育への参加	療育に参加する際の経緯やその背景を理解することから保護者支援が始まると考える。事前面談で不安やニーズを把握することが重要。
子どもとの関係性の変化	療育に参加し保護者の子どもへの理解が進み関係性が変化することは保護者のストレスの軽減や思考の転換につながると考える。
活動中の保育士の関わり	保育士と関わる中で子どもの成長や気づきを共有し、肯定感が得られ、相談支援においては不安や悩みの解消・軽減されると考える。
保護者同士の関わり	保護者同士で関係性を構築でき、似た状態や境遇の人と会話することで育児に前向きになれると思っている。
今後の取り組み	保育士が療育を行うことで利用者が地域に参加しやすくなる環境を作っていけるのではないかと思っている。そのために必要な取り組みを考える。

104

③ 考　察

　記録の中で利用者 A、B、C が利用していた期間を半年間隔で分けたうちの 4 回分の活動記録を用いた。それぞれの記録の日付が古いものから a、b、c、d とする。考察する中で紹介する概念を〈　〉、カテゴリーを【　】、抜粋箇所を「　」で示す。

① 概　念〈療育への参加〉

　保護者が療育に参加する経緯を見てみると〈保育士に強く勧められた〉〈小児科受診や３歳児検診の際に紹介された〉の記載が見られた。３名の利用者は受動的に療育への参加を決めたことになる。また、〈子どもと２人になるとストレスを感じる〉との答えがあった。子どもへの支援のみでなく保護者への支援も必要な状態であり、そのことも踏まえた紹介であった為、この事業において保護者支援への期待もあったように思う。〈診断がつくことに抵抗がある〉との記載があり、診断の有無にかかわらず地域の保育所や担当保健士から直接の紹介で参加できる点が保護者にとっての敷居が低く参加しやすかったと考察できる。

　これらの保護者の思いを抱えた事前面談によるニーズの把握や情報の共有などは療育における保護者支援の始まりとして解釈し〈療育への参加〉を概念化した。

② 概　念〈子どもとの関わりに〉

　回数を重ねるごとに保護者の子どもとの関わりの変化があった。上靴を履く場面を切り取って見ると、a 時点での A はどうしていいか分からず保育士に尋ねている場面では保護者の様子は記載されていないが、b 時点では保護者から「立って履くよ」と声を掛けて指示をしている。c 時点では「履くよ」の指示から「上靴入ってるよ」と言い換えて気づかせる記載がある。回数を重ね子どもにとって気づきやすい声の掛け方になっていて保護者のこどもの理解が進んでいることが分かる。

　自由遊びの場面で大きな変化があったのが利用者 B である。a、b 時点では保育士と子どもが一緒に遊ぶ様子が記されているが、保護者との様子は「保護者がミーティングに行くと周囲を歩きだし落ち着かない様子がある」「保護者が片づけを促すと怒ったような声を出す」きさいがあった。しかし d 時点で

は「ボールプールからボールを取り、保護者と向かい合って投げ合い『あー』と言い喜ぶ姿があった」とあった。保護者がいなくなる不安感と意思疎通の難しさから保護者がどう関わって良いのか分からない難しさから子どもと保護者の双方の間に距離があったが、継続して療育に参加する中で、子どもと関わる楽しさにも気づき距離が縮まったのではないかと考える。

　利用者Cの記録の中では、a時点で「歯を磨く際に、歯ブラシであそぶ様子があるが保護者は特に反応を示さないと磨き始める」「移動する際に足がもつれて転ぶが保護者から『手を洗えば大丈夫』と言われ起き上がり切り替える」の記載がある。この時点で子どもへの理解を持って関わっている様子が見られる。b時点で「恥ずかしさからか少し舞い上がっている様子があり、保護者に甘えることも多い」の記載があるが、d時点で「『ここにきて』など保護者を求める様子があるが傍にいると活動に参加する」と記載があり、保護者と子どもの関係性に変化があったのが分かる。以前は保護者が身近にいることで気分が舞い上がり離れたくない様子が見られたが、回数を重ねると子どもの精神的な成長に加えて、保護者が身近にいることでの安心感、保護者に認められたいという思いが芽生え活動に参加している。

　親子で療育に参加することで子どもの成長や援助方法等に気づきやすくなり子どもと保護者の関係が変化していることがいることがわかった。また、保護者の行動が変化する前の記録には保育士が意図してか無意識かは定かではないが手本を示すように関わっている記載があった。その様子を見ながら保護者も同様に接してみようという思いが芽生えていたように考察したため、〈子どもとの関係性の変化〉は療育においての保護者への支援につながると解釈し概念化した。

　3　概　念〈保育士の活動中の関わり〉

　活動中に保育士は保護者に対して、子どものできたことや成長を感じ、肯定感が得られるように関わっている場面が多く記載されている。排泄の場面において利用者Aは雫切や臀部を隠した排尿方法等子どもができるようになっていることを伝え共に喜ぶ姿がある。また手洗いの場面ではどのような伝え方だと伝わりやすいのかを話し、保護者が実践する記載もある。日常に即した活動の中で気づきにくい子どもの困りを保護者が解消できるように保育士が関わって

いるように考えられる。「母親が声を掛けるのが早い気がした。子どもはするべきことは理解しているようなので、次回少し様子を見てみるように伝える」の文があるように子どもへの理解が進んだ保護者が子どもの行動を先取りして声を掛けてしまう場面に気づき、見守る必要性を伝えている。安全性を重んじる保育士だからこそ声掛けと見守る境界を理解して保護者へ伝えることができているのではないだろうか。

　b時点で保育士はBの保護者に対してうがいの場面で〈保護者にモデリングを促す〉としており、保護者が実際に行う事で日常から子どもへの支援が継続できるからではないかと考えられる。しかし、保護者への促しは支援の意図を理解しているか、信頼関係が構築されているのかが重要である。療育の参加状況や保護者の様子を見ながら、日常に反映できるよう関わっているのが分かる。保育士には観察力と信頼関係を基に挑戦を促す力が備わっていると考える。また、帰りの支度をしようとしない子どもに対して保育者から「お母さんと一緒にチャック閉めよう」と誘う様子があり、保護者を巻き込むことで子どもと関わるタイミングを自然と増やし、一緒にできた経験を味わう瞬間をつくりだしている、と考えられる。

　Cにおいて保護者は子どもと積極的に関わる様子が見られているが、保護者の指示が通らない場面が見られた。保護者の声かけを観察し〈具体的な声掛けを提案してみる〉と記載があり、保護者が気づきにくいところを指摘するのではなく、あくまで共に考えて提案し実践するのは保護者に任せるという場面である。また、保護者のニーズにもある〈同年齢児との関わりを楽しんでほしい〉に対して同年齢の子どもを同じ曜日に設定し、自由遊びの際に関わりを持てるよう促している。ニーズに答えようと努めることで保育士の言葉に説得力が増し、保護者は頼れる存在になっていくのだと考察した。

　〈活動中の保育士の関わり〉は保護者が信頼や安心感を得るためにも重要な要因であると解釈し概念化した。

　4　概　念　〈保護者同士の関わり〉

　活動前の事前説明や活動後の振り返りはその日の参加者の保護者と保育士1名で行われる。事前説明は記入式の用紙を基にその日の活動の流れやと援助のポイント、子どもの前回の様子から保護者に注意してみてほしい点や目的・ね

らいを説明する。保護者は傍観者ではなくなり、その日の気づきを得られやすくなっている。振り返りも同様に参加した保護者と保育士１名で行う。振り返りでは事前説明で配布した用紙に気づきや質問、感想を記入し話を聞くことになる。この際、保護者同士で会話するタイミングとなり、保育士が中心とり自然とグループワークの場になっている。実際に〈トイレで立ってするときの教え方が難しい〉の記載があり、参加した保護者から回答を受ける様子も書かれている。同様の悩みを抱き質問しあえることで保護者同士の関係の構築ができる場となっていると考察できる。社会性や協調性を重視する保育士ならではの保護者支援として解釈できる為〈保護者同士の関わり〉を概念化する。

5　今後の課題と取り組み

　この事業では〈小学校訪問の同伴と情報提供（年長児のみ）〉や〈就学支援説明本の作成（年長児のみ）〉など利用者が保育所や就学する小学校での困りを軽減するための取り組みが行われている。保育所や小学校に行き知識や経験の提供や環境設定を行う。これらの取り組みを通して地域への参加がしやすくなるのだと考察できる。利用者の地域参加に向けて環境を整えていく事は療育における保護者支援において重要であるが、活動と並行して行う為、事前準備や事後の評価等を踏まえると人員が不足するといった問題が起きる可能性がある。

　また、保育士が療育に携わる上で課題となってくるのが質の確保である。この事業は保育士のみの運営で〈児童発達支援センターから定期支援（年１〜２回）〉があると記載があるが、保護者の悩みや急な子どもの増加に対応できなくなることが想定できる。退職や転職、異動において人員が入れ替わることを考えると人員の確保や質の担保が課題となってくるのではなだろうか。そして、地域の保育所や小学校への知識や経験の拡充と悩みを抱える保護者の窓口となる事が今後の取り組みとして必要になると考察した。

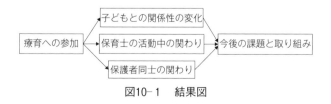

図10-1　　結果図

　これらを踏まえて、〈今後の課題と取り組み〉を概念化し図10-1のように示した。

2　療育事業に携わる保育士の今後の役割

　療育における保護者支援について一瀬早百合は「療育サービスにおいて子どもの障害に気づき、葛藤し、迷い悩みながらも親が子どもと向き合い、障害を認識し、子どもにとって必要な療育サービスの種類や量について支援をうけながら選択するというプロセスが抜け落ちている可能性がある。相談支援が適切にされないままに制度利用の事務的な手続きに終始し、親の焦りや戸惑いと向き合わないまま療育サービスが先行していくことになってはいないだろうか。またその結果、子どもに過度な負担が生じる可能性が危惧される[6]」と療育における保護者支援の必要性を説き、子どもへの影響にも言及している。また、高野美雪・村上雅美らは「発達障害児を持つ母親のストレスが高くQOLが低下していることや周囲の環境による母親の不安や鬱の変化を挙げて発達が気になる子どもの保護者に向き合う支援には、QOLを含めた環境からの予防と言う観点が必要である[7]」としており、発達障害児を持つ母親は特にストレスが高いことを示している。療育における保護者支援として利用者の環境をコーディネートする能力が必要となるのではないだろうか。

　前節で分析した結果を踏まえて、前述した保育士の視点として安全性や協調性、社会性を重視する点に加えて、保育所での子どもの様子や家庭や地域における保護者の背景がイメージしやすい為、日常に活かしやすい支援を選択し保護者に提供できると考えられる。また保護者にとって悩みや不安を共有しやすく共感してもらえる点と療育に携わる保育士という点で説得力が増し相談しやすい関係が作りやすいのではないだろうか。

　また、療育事業を通して他の保護者と関わりを持つことで地域への参加に対しての不安軽減に繋がっていくと考察できる。保育士が療育に携わることで保護者にとって心地の良い環境を設定され、子どもの成長のみならず保護者の子どもに関わる姿勢にも成長が見られ、「共に育つ」環境が設定されているように思う。利用者の関係や環境をコーディネートする能力に療育の視点が加わっ

ている。今回抽出された専門性は療育の中で保育士が実践することで生まれた
ものであり新たな保護者支援の形ではないだろうか。

　今回の分析から療育における保護者支援の中で専門性を十分に発揮すること
ができれば療育に携わる保育士は地域支援の窓口になりえるのではないだろう
か。療育の視点を持った保護者支援を今後は地域の保育所や幼稚園に拡充し、
保護者と地域を結ぶパイプとなる事が療育に携わる保育士の役割だと考える。

おわりに

　本章は療育に携わる保育士だからこそ展開できる保護者支援についてＫ県Ｋ
市の記録を分析することで示し、療育に携わる保育士には福祉専門職として保
護者への支援が求められることを明らかにした。しかし、対象が限定的で、記
録を対象としている為、保護者の潜在的な声を反映できていないなどの課題が
残った。今後はそれらをクリアすることで保育士がより利用者に求められる保
護者支援の展開へと繋げていきたい。今回は療育に携わる保育士に焦点を当て
保育士ならではの視点から発揮される専門性を説いた。今後も活躍の場が広が
り、保育士は多岐にわたる専門性を求められているが、場所を問わず保育士な
らではの専門性を開拓し、発揮することを期待したい。

　最後の記録の分析を進めるにあたり、ご協力いただきましたＫ県Ｋ市の職員
の皆様に深くお礼申し上げます。

注
1）森本誠司「児童発達支援事業における作業療法士の視点を取り入れた保育の有効性
　　──保育士と作業療法士の協働による支援の展望──」熊本学園大学大学院社会福祉学
　　研究科社会福祉学専攻博士学位論文、2017年、4-5頁。
2）厚生労働省「発達障害者支援法の施行について」（https://www.mhlw.go.jp/topics/20
　　05/04/tp0412-1e.html、2022年12月10日閲覧）。
3）厚生労働省「障害児支援の強化について」（https://www.mhlw.go.jp/seisakunitsuite/
　　bunya/hukushi_kaigo/shougaishahukushi/kaiseihou/dl/sankou_111117_01-06.pdf、2022
　　年7月22日閲覧）。
4）厚生労働省「保育所保育指針解説」（https://www.mhlw.go.jp/web/t_doc?dataId=00

010450&dataType=0&pageNo=1、2024年1月29日閲覧)。

5）木下康人「修正版グラウンデッド・セオリー・アプローチ（M-GTA）の分析技法」『富山大学看護学会誌』6（2）、2007年、1 -10頁。

6）一瀬早百合「障害のある子どもと保護者を支える早期療育――『障害児通所受給者証』に対する反応への認識に着目して――」『田園調布学園大学紀要』11、2017年、133-149頁。

7）高野美雪・村上雅美「発達が気になる子どもの保護者に向き合う支援について――療育に関わる専門家への調査から――」『応用障害心理学研究』15・16、2017年、1 -10頁。

第11章
送迎場面における保護者の保育参加と子育て支援
——小規模保育の特性を活かした協同的な子育ての場の構築をめざして——

は じ め に

　2015年から「子ども・子育て支援新制度」が施行され、それに伴い地域型保育給付が創設された。都市部を中心に待機児童が深刻化し、目前の課題を速やかに解消しようとする動きの中で、急速に小規模保育事業（以下、小規模保育）が展開されることになった。

　小規模保育の展開は、待機児童対策としては一定の効果を得ているものの、乳幼児の養育環境の観点からは、一定の基準緩和が認められている点からもその質を疑問視する声も少なくない。一方で、小規模保育の特性を活かした保育実践に一定の効果を示す研究も存在する。藤澤啓子・中室牧子は、「全般的には小規模園の方が中規模園よりも保育環境の質が良好であることが示された[1]」とし、白幡久美子・林陽子らは、保育士への実態調査を通して、子どもや保護者に対して「少人数なので一人ひとりの子どもに目が行き届く」「保護者との信頼関係を構築しやすい[2]」という調査結果を得ている。しかし、この様な中でも小規模保育の保育実践に踏み込んだ研究は未だ少ない現状にある。

　そこで、本章では、小規模保育の特性を活かしたより実践的な保育・子育て支援を検討する上で、毎日の送迎場面に着目する。本章では、送迎場面を「家庭と保育園との移行過程で行われる、子どもを中心にした保育者と保護者が協同で作り上げる子育ての場」と定義し、保護者の連続した保育参加の機会と捉えた上で、保育者と保護者双方からその取り組みによる効果を検証し、子どもを中心に保育者と保護者双方で作り上げる協同的な送迎場面のあり方を明らかにすることを目的とする。保育参加については、島津礼子の研究等その有用性については明らかにされてきた[3]。送迎場面を従来の「子どもの受け渡しの場」

112

という考え方に加え「毎日の連続的な保育参加による協同的な子育ての場」という視点を取り入れることにより、送迎場面における保育・子育て支援の新たな視座を提案することができると考える。

　家庭でおきた子育てに関するさまざまな事象や保護者の悩みや葛藤は、保育園では理解されにくいものである。しかし、送迎場面を連続的な保育参加の場と捉えなおすことで、子どもと保護者の関りの様子を直接的に理解し、保育者も同じ悩みや葛藤を共有し、保育者自身もその事象に対する当事者として、さらには共に子育てに向かう主体として、保護者と共に協同的な子育てを目指した支援を行うことが可能となる。

　以上のことを踏まえ本章では、2つの調査から協同的な送迎場面のあり方を明らかにする。1つ目の調査は、小規模保育園に勤務する保育者に全10回のグループカンファレンスを実施し、保育者の視点から送迎場面に求められる環境や保育者の役割について明らかにする。2つ目の調査は、同保育園に子どもを預けている保護者に対して質問紙調査をグループカンファレンス開始前と後で全2回実施し、保護者の視点から送迎場面での保護者心情について、悩みや葛藤、保育者に求められる対応について明らかにする。

1　協同的な送迎場面の構築に向けた取り組み
──アクションリサーチ・質問紙調査から──

1　調査対象
1　グループカンファレンス調査
　熊本市内にある小規模保育事業Ａ型（定員19人）のＢ保育園に勤務する保育者6～11名。

　2020年4月～2021年2月　計10回実施

2　質問紙調査
　1回目2019年度小規模保育事業Ａ型のＢ保育園に在園中の園児の保護者（12名／17名中）

　2回目2020年度小規模保育事業Ａ型のＢ保育園に在園中の園児の保護者（5名／18名中）

2　調査方法

1　グループカンファレンス調査

「保護者と協同して取り組む子育ての場にしていくためには」という長期的なテーマを設定する。以降、カンファレンス毎にテーマを設定し、カンファレンス最後に課題を整理する。次回、その課題をもとに保育実践が行われ新たな課題や疑問点について話し合いのテーマがもたれるという様に、アクションリサーチの要素を用いながら進められた。

2　質問紙調査

「朝夕の送迎時間、保育者と一緒に子どもの様子を見たり、話したり、関わったりする中で、特に印象に残っている子どもや保育者との出来事」というテーマについて、その時の状況、心情、保育者と関りを共にしたことでの気持ちの変化、今後「一緒に関わってほしい」「一緒に取り組みたい」という場面や状況について自由記述で回答してもらった。

3　分析方法

佐藤郁哉による「定性的コーディング」方法の一部を参照し、質的データの分析を行った。①ループカンファレンスにおいては１～10回のよって得られた録音データから逐語録を作成し、質問紙調査においては、２回の調査によって得られたデータを要約して得られたデータから意味内容ごとに要約して「コード」を生成した。②一般化を図るために「コード」間の関係性の比較を行いながら類似した「コード」を集約し「カテゴリー」を生成し、そこに含まれる「コード」を代表し得る名称を付与した。③複数の「カテゴリー」間の関係性の比較を行いながらより上位の「カテゴリー」を生成し、カテゴリーを代表しえる名称を付与した。④最終的にこれらの作業によって得られた１～10回分のデータを、「カテゴリー」を基に「集約」し、時系列的に表した。

4　倫理的配慮について

調査においては、IC レコーダーの使用許可、自由意思の尊重、調査協力の辞退、途中参加や途中退室する等の負担軽減、参加の辞退を保障する等の説明と同意、熊本学園大学「人を対象とする研究」に関する倫理委員会に提出し、

114

承諾を得て実施した。

2　協同的な送迎場面の構築に向けて
──調査のまとめ──

1　保育者へのグループカンファレンス調査

　全10回のグループカンファレンスの中で話し合われたテーマを1回ごとにカテゴリー化し、それを全10回分まとめたものが（表11-1）にあたる。保育者の視点から見る協同的な送迎場面構築のための構成要素として3つの大カテゴ

表11-1　保育者の視点による協同的な送迎場面構築のための構成要素

大カテゴリー	中カテゴリー	小カテゴリー
保護者の心構え	保育者の姿勢	保育者の心情
		保護者との関係性
	信頼関係の構築	関係を築く上での課題
		関りの視点
	保護者の理解	送迎時の傾向
		個別的な理解
情報共有と受け入れ準備	カンファレンスの活用	情報共有
		保育者間の支えあい
		専門性の向上
	事前の情報発信	SNSの活用
		配慮事項
	伝達ノートの活用	伝達内容
		考慮する内容
送迎場面における支援	午前の受け入れに伴う支援	受け入れ判断
		子どもを預かる姿勢
		協同性を伴う受け入れ支度
	午後の迎えに伴う支援	家庭に近い雰囲気
		保護者の気付きと学び
		親子間の調整

（出所）知識伸哉「小規模保育の送迎場面における保護者の保育への参加に関する研究」（熊本学園大学大学院社会福祉学研究科修士論文）、2021年、45頁。

リーと 8 の中位カテゴリー 19 の小位カテゴリーに大別された。

1 【保育者の心構えについて】

当初、「業者とお客さん」、「自分の子どもの準備をするのは当たり前」「支援者」「被支援者」という関係性を「同志」と捉えなおすことで、「保護者対応の捉え方が楽になった」「人と人との関係」と捉えることができるようになったという意見に変容していった。保護者対応において、保護者との信頼関係が形成されないままでは、悩みを察知することの困難さ、悩みの温度差、実感のしづらさが存在していた。そのような中で、「保育者と保護者で一緒に子どもを理解しようとする過程を大切にする」という姿勢に気付きを得ながら、「子どもを真ん中におく対応は最善の利益の根幹」にあたるという思いに至っている。

2 【情報共有と受け入れ準備について】

保護者対応において、「知らなかった」等伝達の不備は、保護者の不信感に直結しやすいという印象を持っていた。朝 → 夕方 → 朝の情報の繋がりを作る必要性を認めていた。

3 【送迎場面における支援】

送りの場面では、慌ただしい中での子どもの受け入れ判断をしつつ個別にニーズキャッチを行うことの大変さが存在していた。子どもの朝の支度については、保育者の業務補助的な内容と協同的に取り組める内容のものに分類され、保育者の業務補助的な準備になる程、保護者の自主性が伴いにくくなる傾向にあった。協同的な支度を通して、家庭から保育園に移行する子どもの気持ちの切り替えにつながり、保護者には保育者と一緒に子どもの気持ちを落ち着かせてから仕事に向かおうとする姿が見られるようになっていた。

迎えの場面では、保護者がいることで家庭での「子ども本来の姿」をイメージしやすくなっていた。比較的ゆったりとした家庭に近い雰囲気の中で、実際に保護者が我が子に対応する様子に触れ、保護者の考えや価値観を知ることができ、さらに、保育者と子どもの行動の意図を考えたり、関わり方を工夫したりと保護者自身の気付きと学びが醸成されやすい時間であった。また、保育者は、帰りたい保護者と遊びたい子ども、トイレに行かせたい保護者と行きたくない子ども等、両者の間で葛藤を抱えやすい状況があった。カンファレンス終

盤では、「保育者と保護者が一緒に子どもの要求を理解しようとする姿勢が子どもの満足感につながる」という気付きを得ていた。

2 保護者への送迎場面に関する質問紙調査

　グループカンファレンス開始前に行った保護者への質問紙調査の回答が（表11-2）、全10回を終えての回答が（表11-3）となる。送迎場面を経験した保護者の心情は以下の様であった。

1 【安心感・信頼感の形成】

　保育者の子どもに向き合う姿、子どもの気持ちを優先しようとする姿、子どもに関する情報を把握してくれていると実感できたこと、いつでも相談できるという思いが安心感や信頼感へと繋がっていた。2回目調査では、子どもの姿を共有しつつ、子どもを肯定する言葉かけは、保護者が子どもの成長を実感できるとともに安心感を育む要因となっていた。

表11-2　保護者の心情の変化（質問紙調査1回目）

大カテゴリー	サブカテゴリー
安心感・信頼感の形成	子どもの様子を直接見れる安心感
	保育者の子どもへの関りによる安心感
	保育者との関りによる安心感
	保育園への安心感
気付き・学びの形成	子どもの思いに気付く
	保育方針の理解
	家庭との違いを知る
	保育者からの助言
前向きな気持ちの形成	保育者との会話による発散
	子どもたちからの癒し
	子どもの成長した姿を知る
共に子育てを実感	子どもの様子を共有
	気持ちを共感

（出所）知識伸哉「小規模保育の送迎場面における保護者の保育への参加に関する研究」（熊本学園大学大学院社会福祉学研究科修士論文）、2021年、63頁。

表11-3　保護者の心情の変化（質問紙調査2回目）

安心感・信頼感の形成	保育者の子どもへの関りによる安心感
	保育者との関りによる安心感
気付き・学びの形成	子どもの思いに気付く
	自身の関わり方への気付き
	子どもの気持ちを尊重
前向きな気持ちの形成	保育者と一緒に子どもに関わる
共に子育てを実感	一緒に気持ちを共感

（出所）知識伸哉「小規模保育の送迎場面における保護者の保育への参加に関する研究」（熊本学園大学大学院社会福祉学研究科修士論文）、2021年、63頁。

2　【気付き・学びの形成】

保護者は家庭と保育園との子どもの様子の違いを理解し、自らの関わり方を振り返り、子どもの思いに気付く様子が現れていた。また、保育者の関りを通して園の方針や取り組みの理解に繋げていた。2回目調査では、回答者の多くから「子どもの気持ちを尊重」する思いが生成されていた。子どものペースで園を後にしようとしたり、子どもの気持ちが落ち着くまで少し待ってあげたり、子どもに要求するばかりでなく合わせようという気持ちを持てたり、家庭でも子どもを尊重しようと思えたりと子どもの気持ちを尊重したいという思いが現れていた。

3　【前向きな気持ちの形成】

保育者とのコミュニケーションによって、仕事や育児の疲れが癒されるだけでなく、他のお友達も含めた子どもたちとの関りを通して、また、我が子の成長を実感できた時等に保育者と共に育児を行った経験を家庭で活かそうという前向きな気持ちが形成されていた。

4　【共に子育てを実感する気持ちの形成】

子どもの情報を共有しつつ、継続的に子どもの様子を見ながら変化や成長の過程を振り返るという時間の中で、その時の保護者の思いに共感し共に子どもの成長を喜んだり悩んだりするやりとりの中で、保育者と共に子育てしている実感を得られていた。

3　保育者と保護者双方による協同的な送迎場面の可能性

1　小規模保育における送迎場面について

　当初、「業者とお客さん」という価値観から、子育ての「同志」という関係性において「保育者と保護者で一緒に子どもを理解しようとする過程を大切にする」という関わりを粘り強く続ける姿勢が、質問紙調査において、保護者の「育児の悩みをすぐ相談できるということは安心感があります」という【安心感や信頼感】を土台に、「もっとおうちでも本人のやりたいという気持ちを尊重しよう」等、さまざまな【気付きや学び】を得ながら、「共に子育てをして頂いていると改めて感じることができた」等、【共に子育てを実感】することを通して、「自分も話して頑張ろうと思えました」「始めるきっかけになりやる気が出ました」等、子育てを【前向きな気持ち】に捉える姿勢が醸成される大きな要因ではないかと考えられる。さらに、2回目の調査では、送りと迎えどちらの場面においても【子どもの気持ちを尊重】する思いの形成が見られ、これらの結果からも、小規模保育における送迎場面が子どもと保育者、保護者という関係性の中で、保護者が前向きに子育てに向かうための子育て支援の場になりうることが明らかにされたといえる。

2　送迎場面の構造化

　グループカンファレンスの内容は、① 保育者の心構え、② 情報共有と受け入れ準備、③ 送迎場面における支援と3つのカテゴリーに分類される。これらを基に以下の構造化（図11-1）を試みた。

　準備期とは保護者や子どもへの対応に向けての準備の段階である。保育室内の整理や環境設営、保育室内の掲示物の準備や画像の配信等の情報発信等も含まれる。さらに、保育者間で共有された情報をもとにどの様な支援や対応を行っていくのかを事前に検討されておくと、保護者対応時により意図的な支援に繋げていくことが可能であると考えられる。

　対面期とは、子どもや保護者を迎え入れる時間となる。子どもと保育者と保護者がそろう唯一の時間であり、協同的な子育て場面としての実践の場とな

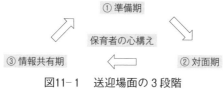

図11-1　送迎場面の３段階

（出所）知識伸哉「小規模保育の送迎場面における保護者の
保育への参加に関する研究」（熊本学園大学大学院
社会福祉学研究科修士論文）、2021年、72頁。

る。事前の情報共有と準備が意図的に展開される段階であり、対面期で得られた内容を次の情報共有と準備に繋げていくための情報収集の場でもあるといえる。

　情報共有において、時間帯によって異なる保育者が対応し、なおかつ複数の保育者が対応することが想定される保育の現場では、支援の方法を検討する以前に情報共有自体が困難さを伴うものである。情報共有がされない状況は保護者の不信感に繋がりやすく、特に夕方の出来事や情報を翌朝に繋げるために、伝達ノートを用いる等の工夫が求められる。

　このように送迎場面を構造化し、その段階ごとに保育者間の取り組みが共有され意図的に展開されていくことで、子どもや保護者の状況に即した支援がより一体的にさらに重層的に展開していくことが可能だと考えられる。

3　相互理解による直接的な支援の可能性

　質問紙調査において、「帰り際、子どもがオムツを嫌がっていた時に、（保育者が）トイレを促してくださり成功。思い切ってパンツで帰ろうと思い、家でのトイレの進め方を尋ねた時に、大体のトイレ間隔をもとにオムツをはめていても時間を見てトイレに誘ってみるという方法を教えてくれ、オムツしたままでもいいんだ。だったらできそう。始めるきっかけになりやる気が出ました」という回答が得られている。これは、迎えの送迎場面という家庭の様子に近い環境の中で、子どもの「パンツで帰りたい」という思いと、保護者の「オムツで帰ってほしい」という葛藤を保育者と保護者が直接的に共有し、その時の「帰りの車が心配」という保護者の感情に共感しつつ、「保育者が子どもをトイ

120

レに促す行為」を通して、「トイレが成功してうれしい」と喜ぶ子どもの思い
を子どもと保育者、保護者の３者で共有し、子どもの成長を共に喜び合う中
で、「家庭でやってみよう」という保護者の主体性を育みつつ、養育力の向上
に繋げていく関わりといえる。さらにこの様な関わりは、毎日の継続性の中で
さらに深まっていくことが想定される。

　このように、家庭に近い環境の中で、子どもの姿を保育者と保護者が直接的
に理解し、子どもと保護者それぞれの思いに共感しつつ、子どもを通して保育
者と保護者が共に試行錯誤する関りを、送迎場面という毎日の連続性の中で継
続的にアプローチしていく取り組みは、子どもと保護者それぞれの主体性や自
尊感情を育みつつ、保護者の養育力の向上や保育者の資質の向上に繋げていく
等、送迎場面の子育て支援における新たな可能性を有しているのではないかと
考えられる。

おわりに

　伊藤良高は、「人間形成とは、１人１人の人間が『人間らしい人間』として
育てられ、育っていくことにほかならないが、人間のあるべき姿としての理想
的人間像は基本的には、１人１人の人間が自分の人生を考え、その未来を思い
描く過程のなかで自由に探求していくべきものである。また、それらを具体化
した教育の目的・目標についても、１人１人の人間がそれらを自らのものとし
て主体的に担い、自主的に創り上げていくことが大切である」と述べている。[5]
さらに、教育の本質と目標について「常に、すべての人間の幸福の実現という
観点からとらえていく」とも述べている。[6]

　本章における送迎場面が、育児において省略すべき事象ではなく、子どもや
保護者、保育者が幸福実現に向かうための場として、子どもの最善の利益に向
けて保育者と保護者が共に子どもを育む過程において、それぞれが、自らの人
生を主体的に担い、自主的に創り上げていく取り組みとして位置づけられてい
くことが今後の課題となる。

注

1）藤澤啓子・中室牧子「保育の『質』は子どもの発達に影響するのか——小規模保育園と中規模保育園の比較から——」『RIETI Discussion Paper』17、2017年、1頁。

2）白幡久美子・林陽子「地域型保育事業における保育の質及び現状と課題」『中部学院大学・中部学院大学短期大学部教育実践研究』2、2017年、92頁。

3）島津礼子「保護者の保育参加に関する研究——子育て支援における協同的な学びの視点から——」広島大学大学院 学位（博士）論文、2015年。

4）佐藤郁哉『質的データ分析法——原理・方法・実践——』新曜社、2008年。

5）伊藤良高「人間形成と道徳」、伊藤良高・冨江英俊・大津尚志ほか編『改訂版　道徳教育のフロンティア』晃洋書房、2019年、1頁。

6）伊藤良高「教育の概念と教育の本質」、伊藤良高・岡田愛・荒井英治郎編『教育と教職のフロンティア』晃洋書房、2021年、20頁。

第12章
保育ソーシャルワークの現状と課題
——保育士養成カリキュラムの変遷と保育所保育指針からの考察——

1　保育士の誕生と専門性

1　保育を行う専門職者の誕生と役割

　「保姆」の語源である中国語では「お手伝い、家政婦（＝家人の下働きの者）」という意味で使用されていた。[1] 日本でも、明治期以降に開設された「子守学校の保育室」「貧困地域の託児施設や幼稚園」「孤児施設」などで働く無給や少給の保育者（親や家族が保育を行うことが難しい家庭の乳幼児の保育を行う女性）を「保姆」と呼んでいた。存在発生当初より、保姆は保育（幼児教育と養護＝教育と福祉）を担っていたが、その頃の保姆が行う保育（教育と福祉）は、社会や国民から「親の役割（子育て）を代替的に担い、専門的な知識や技術がなくても誰でもできる仕事（子どもの相手）」と捉えられていた。[2] そのような中、1871（明治11）年に東京女子師範学校付属幼稚園保姆練習科が創設され、保育者養成がスタートしたが、[3] 法定資格に位置付けられたものではなかった。

　その後、昭和初期における託児所の急増と共に託児所保姆に対する私的団体による養成講習が徐々に拡大し、1948（昭和23）年に「保母養成施設の設置及び運営に関する件」（厚生省児童家庭局長通知第105号）で、保母養成校並びに保母講習が設置され、[4] 1949（昭和24）年からは資格試験がスタートしたことで、「保姆」から「保母」に名称が変わり、徐々に専門性が認められるようになっていった。また、1977（昭和52）年の児童福祉法改正時に、女性のみならず男性も、保母養成校や保母試験を受験することが認められ、保育に従事できるようになった。[5]

　さらには、1999（平成11）年の児童福祉法改正で「保母」が「保育士」と名称変更となり、2001（平成13）年時の児童福祉法改正では、「児童に対する保育」

に加え「保護者に対する保育指導」も保育者の主たる業務と位置付けられるようになった。加えて、2008（平成20）年に改訂された「保育所保育指針」では、新たに「保護者に対する支援」の章が設けられ、「保護者に対する相談支援・相談援助」「地域における子育て支援」が保育者の重要な役割と位置付けられた。

2　保育ソーシャルワークの定義と主体

　これまでの先行研究を整理すると、保育ソーシャルワークを日常的な保育や家庭への援助活動から保育とソーシャルワークを一体的に捉える研究がある。[6][7]また、保育分野（領域）で行われるソーシャルク活動を保育ソーシャルワークと捉える研究もある。[8][9]それらを踏まえ、日本保育ソーシャルワーク学会では、保育ソーシャルワークを「子どもの最善の利益の尊重を前提に、子どもと家庭の幸福（ウェルビーイング）の実現に向けて、保育とソーシャルワークの学際的領域における新たな理論と実践」と定義しているが、「そのシェーマ（定義、内容、方法等）やシステムについて、いまだ確定したものが構築されるには至っていない」[10]とも指摘している。

　現在、日本保育ソーシャルワーク学会が「保育ソーシャルワーカー」の認定研修を開始したり、文部科学省がスクールソーシャルワーカーである社会福祉士や精神保健福祉士を幼稚園や認定こども園等に派遣したりすることを決定した状況を踏まえれば、保育ソーシャルワークは、保育者だけに限定するものではなく、むしろ専門性のある第三者に委ねる方向になっている。しかし、2017（平成29）年度からスタートした「保育士等キャリアアップ研修（分野毎に15時間の研修）」では、「保護者支援・子育て支援」が15時間研修の1分野（全8分野中）として位置づけられ、保育者が相談援助（ソーシャルワーク）を実践することがカリキュラムに明記されている。[11]このような状況に鑑みれば、「保育ソーシャルワーク」とは、乳幼児期の児童や保護者を対象として、ソーシャルワークの理論や技術を用いて行われる援助や支援」と定義することができる。

　保育ソーシャルワーク実践の主体について、クラス担当の保育者が担うべきとする研究がある。[12][13][14]主任・主幹等の間接的に保育に関わる保育者が担うべきとする研究もある。[15][16][17]

一方で、保育士の業務内容が多岐にわたっており、保育士の業務に対する期待や負担が大きくなっているため、ケアワークが主たる業務である保育者をソーシャルワーカーとみなすことは困難であるとの指摘もある。[18][19]これらの状況を踏まえ、「『社会福祉士、ソーシャルワーカーであって、保育に関する知識・技術・経験を有する専門家』と『保育の専門家である保育者であって、ソーシャルワークの知識・技術・経験を有する専門家』」の2つが保育ソーシャルワークの主体的な担い手となる可能性」[20]が指摘されている。

3 保育における今日的課題とソーシャルワークの必要性

2015（平成27）年からスタートした「子ども・子育て支援新制度」において、内閣府では「子どもたちがより豊かに育っていける支援」を子育て支援と捉え家族機能の弱体化や待機児童家庭への対応のため、子育てを行う保護者や家庭を支援し社会全体で子育てを推進することが必要となり、「児童」「保護者」のみならず、「児童と保護者も含めた家庭全体への支援」[21]が求められている。

2008（平成20）年度から、全国の小学校・中学校・高校に配置されるようになったスクールソーシャルワーカーが、虐待、発達の遅れ、障害、貧困、不登校、保護者の体調不良や精神疾患などの問題に対して、対象者である児童・保護者はもちろん家庭や地域という生活環境、さらには関係機関・施設・事業所に働きかけ、児童が在籍する学校の教員と協働して、問題の軽減や課題解決に成果を挙げてきた。

児童を取り巻くさまざまな問題は、就学後に発生するばかりでなく、乳幼児期から兆候が見られたり問題が発生したりしているため、早期に発見し相談を受け適切に対応することが必要と考えられ、2021（令和3）年8月に、文部科学省は「学校教育法施行規則」を改正し、幼児教育の分野にも「スクールカウンセラー（以下、SC）」と「スクールソーシャルワーカー（以下、SSW）」を派遣し、全国的に小1プロブレムを解消する方針を決定した。[22]

しかしながら、短時間の保育をメインに行う幼稚園よりも、長時間の保育を日常的に行う保育所や認定こども園の方が「SC」と「SSW」のニーズが高いと考えられる。そこで厚生労働省は、保育所・乳児院・児童養護施設・児童相談所等でソーシャルワークを本格的に担うことのできる「仮称：子ども家庭福

社ソーシャルワーカー」の2024（令和6）年4月からの運用開始を決定した。[23]
その後、厚生労働省の「子ども家庭福祉の認定資格の取得に係る研修等に関する検討会」で議論が重ねられ、2023（令和5）年3月に「こども家庭ソーシャルワーカー」と正式名称が決定した。[24]

　こども家庭ソーシャルワーカーは、「① こども家庭福祉を担うソーシャルワークの専門職であること」「② こどもの発達と養育環境等のこどもを取り巻く環境を理解していること」「③ こどもや家庭への支援の方法を理解・実践できること」[25]を専門性の柱とし、社会福祉士・精神保健福祉士・保育士等として、児童相談所や児童養護施設・保育所等の児童福祉施設などで「こども又はその家庭に係る一定期間以上の相談業務の実務経験」を有する者が、「ソーシャルワークに係る研修（社会福祉士・精神保健福祉士：24時間以上、保育士：165時間以上など）」に加え「こども家庭福祉指定研修（100.5時間以上）」を修了し、試験に合格した場合に認定される資格である。[26][27]そのため、ハードルが高く、どれくらいの資格取得希望者がいるのかも定かでない。

　こども家庭ソーシャルワーカーよりも資格要件のハードルの低いSSWでさえ、2008（平成20）年の本格的な制度開始から、全国の小学校・中学校にSSWが配置されるまで、10年以上の期間を要している。それは、「実践効果に鑑みながら配置予算を確保していったこと」「必要なソーシャルワーカー（マンパワー）を直ぐに確保できなかったこと」「SSWの多くが非常勤職であり、安定的な収入確保が難しい」という経緯があった。また、2022（令和4）年5月現在で小学校：1万9161・中学校：1万12（計：2万9161）に対して、幼稚園9111・幼保連携型認定こども園：6657、保育所：2万2720・地域型保育事業所数：7245・児童発達支援センター：771（計4万6504）[28]であり、幼児期の通所・通園施設は小・中学校の1.59倍以上の数である。[29]このような状況では、いくら文部科学省が予算を拡大しSSWを幼稚園に派遣しようとしても、厚生労働省がこども家庭ソーシャルワーカーを保育所等に派遣しようとしても、全ての施設にソーシャルワーカーを派遣・巡回等で配置させるには多大な年月を要することになる。

　幼児期の全通園・通所施設にソーシャルワーカーが完全に配置（巡回・派遣）できるまでの10年以上の期間、多くの幼稚園・認定こども園・保育所等で起こ

る子どもや保護者・家庭の問題は放置されてよいはずがない。その間、大きな法人であれば、独自でソーシャルワーカーを雇用できる可能性もあるが、多くの園は園内の保育者等が対応せざるを得ないだろう。そのためには、保育者がソーシャルワークの知識や技術を習得し対応できる養成カリキュラムや現任研修が必要となってくると考えられる。

2　保育士養成課程におけるソーシャルワークの位置付け

1　保育士養成課程におけるソーシャルワーク科目の変遷

　保育士が法定資格として設置された1948（昭和23）年4月に保母（保育士）養成課程の確立に伴い、その際、ソーシャルワーク系科目【「ケースワーク（演習）」「グループワーク（演習）」】と修業時間（各科目とも40時間）が設定された。[30]

　1952（昭和27）年3月に「保育指針」が制定されると同時に、ソーシャルワーク系科目【「ケースワーク（演習、甲類：必修）」「グループワーク（演習、甲類：必修）」】にも各2単位が割り当てられ、1970（昭和45）年9月には、ソーシャルワーク系科目が削減され、「社会福祉Ⅱ（演習：2単位、甲類：必修）」のみとなり、[32] 2001（平成13）年9月には、ソーシャルワーク系科目が「社会福祉援助技術演習（演習：2単位）」に名称変更された。[33]

　2010（平成22）年3月に「保育士養成課程等検討会中間まとめ」がとりまとめられ、ソーシャルワーク系科目の名称が変更される【「相談援助（演習：1単位）」「保育相談支援（演習：1単位）」】と共に、社会情勢に伴い科目数が増加した。[34] その際に、科目数が増加した意図として、立花による「保育士養成課程検討会」の関係者へのヒアリング調査の結果、「年々増加する児童虐待問題、多様化・複層化する家庭問題に鑑みれば、保育士が子どもや保護者の問題解決に向けてソーシャル機能を担っていく必要がある」ことが明らかとなっている。[35]

　2017（平成29）年12月には、『保育士養成課程等の見直しについて：検討の整理【報告書】』が取り纏められ、ソーシャルワーク系科目は「相談援助（演習：1単位）」「保育相談支援（演習：1単位）」であったものが、「相談援助」「保育相談支援」の2科目に「家庭支援論（講義：2単位）」を加えた3科目が、「子ども家庭支援論（講義：2単位）」「子育て支援（演習：1単位）」へと再編され、ソー[36]

シャルワーク系科目の科目数（2科目→1.5科目）や単位数（4単位→3単位）が減少した。科目数及び単位数が減少した背景や意図として、立花による「保育士養成課程検討会」の関係者へのヒアリング調査の結果、「保育士によるDVや性的虐待等の困難事例への対応は難しく、専門機関で対応すべきである。また、多様化かつ高度化する保育業務に対応するためには、保育者がソーシャルワーク機能まで担うことには無理がある。従って第三者がソーシャルワーク機能を担うべきである」ことが明らかとなっている。そのため、新設された「子ども家庭支援論」は、従来科目の「家庭支援論」をベースとして、これまでの「保育相談支援」の保護者支援の部分と「相談援助」のソーシャルワークの理論と方法の部分を融合させ、幅広く「児童と保護者も含めた家庭全体への支援」を実践的に学んでいく科目となり、保育士が子どもや保護者に対するソーシャルワークの視点を理解する内容と時間数が大きく削減された。

　社会的に保育ソーシャルワークの必要性がますます高まるなか、保育士養成カリキュラムにおいて、ソーシャルワークについて学習する内容や時間が削減されたことは逆行していると考えられる。

2　保育所保育指針におけるソーシャルワーク関連用語の記述の変遷

　そこで、昨今の保育現場等の実情に鑑み、保育士養成課程におけるソーシャルワーク系科目の変遷を基にして「旧：保育所保育指針解説【平成20年4月】（以下、旧解説）」と「新：保育所保育指針解説【平成30年2月】（以下、新解説）」の内容を比較し、保育所における福祉的支援を必要性の変遷を明らかにし、その課題について検討することとした。新旧の「保育所保育指針解説」についてソーシャルワークに関連するキーワード検索を行い、福祉的支援〔"福祉""ソーシャルワーク""相談支援or相談援助or助言"（子どもや保護者、地域に対するものに限定）"連携"（保護者や外部の専門機関・施設等とのものに限定）"子育て支援""保護者支援""家庭（に対するorへの）支援"〕の記述をカウント（園内の職員間連携や職員同士の支援・助言等は、カウントから除外）し、比較分析を行った結果は以下の通りである。

　第1に、"福祉"に関する記述は「旧解説」では計30カ所、「新解説」では計32カ所であった。第2に、"ソーシャルワーク"に関する記述は「旧解説」では計11カ所、「新解説」では計2カ所であった。第3に、"相談（支援or援助or

助言)" に関する記述は「旧解説」では計64カ所、「新解説」では計25カ所であった。第4に、"連携" に関する記述は「旧解説」では計152カ所、「新解説」では計147カ所であった。第5に、"子育て支援" に関する記述は「旧解説」では計48カ所、「新解説」では計64カ所であった第6に、"保護者支援" に関する記述は「旧解説」では計17カ所、「新解説」では計2カ所であった。第7に、"家庭（に対するorへの）支援" に関する記述は「旧解説」では計7カ所、「新解説」では計9カ所であった（**表12-1** 参照）。

　「新解説」の総ページ数は374頁となり、「旧解」の総ページ数の210頁に比して、ページ数が大幅に増加していた。子どもや保護者に対する課題が多様化かつ複層化している現状を踏まえれば、「保育所保育指針解説」のページ数増加とともに、保育士が行うべき福祉的支援やソーシャルワーク（支援、援助、助言、連携、子育て支援、保護者氏支援、家庭支援など）の内容や項目が増加している

表12-1　新旧の保育指針解説における福祉及びソーシャルワーク関連の内容に関する記述数の比較

	記述内容	新旧の保育所保育指針解説の別	箇所数
1	「福祉」に関する記述	旧：保育所保育指針解説（全210頁）	30
		新：保育所保育指針解説（全374頁）	32
2	「ソーシャルワーク」に関する記述	旧：保育所保育指針解説（全210頁）	11
		新：保育所保育指針解説（全374頁）	2
3	「相談（支援 or 援助 or 助言）」に関する記述	旧：保育所保育指針解説（全210頁）	64
		新：保育所保育指針解説（全374頁）	25
4	「連携（保護者、専門機関等）」に関する記述	旧：保育所保育指針解説（全210頁）	152
		新：保育所保育指針解説（全374頁）	147
5	「子育て支援」に関する記述	旧：保育所保育指針解説（全210頁）	48
		新：保育所保育指針解説（全374頁）	64
6	「保護者支援」に関する記述	旧：保育所保育指針解説（全210頁）	17
		新：保育所保育指針解説（全374頁）	2
7	「家庭支援」に関する記述	旧：保育所保育指針解説（全210頁）	7
		新：保育所保育指針解説（全374頁）	9

（注）園内の職員間連携や職員同士の支援・助言等は、記述数のカウントから除外している。
（出所）立花直樹「保育士の専門性から俯瞰する保育ソーシャルワークの現状と課題」『聖和短期大学紀要』9、2023年、36頁。

と予測できる。しかしながら、「新解説」は大幅にページ数が増加しているにもかかわらず、福祉的支援の記述のなかで、"ソーシャルワーク""相談（支援or 援助 or 助言）""連携""保護者支援"の4つのキーワードについて記述数が減少し、"福祉""子育て支援""家庭（に対する or への）支援"についても記述数が僅かに増加したのみであった。ますます乳幼児期におけるソーシャルワークの重要性が認識されている状況にもかかわらず、ソーシャルワーク系科目の単位数が減少し、新解説において「福祉的支援」の記述が減少している等の状況は、「保育士養成課程検討会」で議論となった「保育士がソーシャルワーク業務を担うことが難しいため、他の専門職が保育分野におけるソーシャルワークを担うべきである」という方向性から、福祉的支援やソーシャルワーク分野に関する単位数（学習時間）が減少したという裏付けでもある。

　しかし、そのような状況では、年々増加する「子どもの発達障害」「児童虐待」「外国籍の家庭」「保護者への生活面や精神的なケア」「DV の対応」等、さまざまな課題について、問題を解決するために保育者が対応することができない。むしろ、保育者自身が、表面的な対応をするだけになり、乳児期・幼児期の問題を先送りするしかなくなってしまうだろう。

3　保育ソーシャルワークを担うべき者

1　第三者が保育ソーシャルワークを担うべきか

　2022（令和4）年4月より、文部科学省の管轄のもと、「SSW（社会福祉士や精神保健福祉士）」の幼稚園等への派遣事業がスタートした。また2024（令和6）年4月より、厚生労働省は全国の保育所等への「こども家庭ソーシャルワーカー（社会福祉士や精神保健福祉士、保育士等で研修を受け試験に合格した者）」の配置を検討している。つまり、日本では、今後の保育分野のソーシャルワーク業務を社会福祉士や精神保健福祉士等のソーシャルワーク分野の国家資格を所有した第三者に委ねようとしているのである。それは、各学校や各保育現場に専任でソーシャルワーカーを配置する考えとは程遠いものであり、ますます多様化し複雑化する子どもや保護者への配慮や支援に対するのであれば、1校・1園に1人のソーシャルワーカーの配置が望ましいが、複数の教育施設や保育施設を担当

するという状況が予算的にも妥当であるという政府の考えが透けて見える。た
だし、施設や・事業所の利害関係や人間関係に束縛されない第三者が、ソー
シャルワーク業務を担うことで、公平性や中立性が担保できる可能性は高くな
ると考えられることは、子どもや保護者にとっても大きなメリットである。

　しかしながら、小学校や中学校へ SSW 派遣事業が開始された当時より、学
校現場という特殊な環境の中で「ソーシャルワーカーの役割や業務」が認知さ
れず、さまざまな葛藤や軋轢が報告されたことに鑑みれば、これから保育現場
で支援を行う「ソーシャルワーカー」もすぐには受け入れられず、保育現場と
の葛藤や軋轢が予想され、本当に援助や支援が必要な保護者に本格的に関わる
ための時間や年月を要する可能性が高い。また、ソーシャルワーカー自身も、
保育内容や保育現場に対する理解を促進していく継続的な努力も不可欠と考え
られる。加えて、今後ますます幼稚園が減少していくことが予測される中で、
文部科学省の「SSW」の幼児教育分野や保育分野への派遣事業と、厚生労働
省の「こども家庭ソーシャルワーカー」の保育分野への派遣事業をどのように
両立させ役割分担を行っていくのかも大きな課題である。2 つの名称のソー
シャルワーク専門職が混在することは、現場に混乱をもたらす可能性もある。
さらには、全国の小学校や中学校等への SSW の配置に要した10年以上の期間
を考えれば、全ての保育所や認定こども園等に SSW が派遣される状況になっ
たとしても、10年以上の時間を要する可能性がある。それまで、一体誰がソー
シャルワーク業務を担うのだろうか。

2　保育現場の職員（保育者等）が保育ソーシャルワークを担うべきか

　今後、全ての保育現場への SSW の派遣やこども家庭ソーシャルワーカーの
配置が満たされるまでの間、現実的には、以下の 2 つの方法が考えられる。
　第 1 に、各園の保育者がソーシャルワークの質を高めて、子どもや保護者の
課題に対応するという方法である。しかしながら、養成課程のカリキュラムか
らは「ソーシャルワーク」の内容が削減されている現在、新任の保育者がソー
シャルワーク業務を担っていくことは現実的に難しい。今後のカリキュラム改
正で「ソーシャルワークの教科内容」を充実させていくと共に、ソーシャル
ワーク業務を学ぶための「フィールドワーク（実習）」などが養成課程のカリ

キュラムとして新設されなければ、経験の浅い保育者がソーシャルワーク業務を担うことは難しいと考えられる。そのため、現実的に保育現場でソーシャルワークを担う保育者は、「保育士等キャリアアップ研修（保護者支援・子育て支援）」を受講した保育者が担うことになると予想される。ただし、「保育士等キャリアアップ研修（保護者支援・子育て支援）」は僅か15時間のみであり、研修方法は実施団体や担当講師に委ねられており、講義が中心の内容となっているケースも多いため、研修を終えて直ぐにソーシャルワーク業務を担うことができるかどうかは保育者個々の力量による処が大きいと考えられる。実際に各種研修を受講した保育者が「福祉的支援（ソーシャルワーク）」を担うのに十分な質を担保できるのかは十分に検証されておらず、不安や問題もある。全国社会福祉協議会が認定している「福祉施設職員キャリアパス研修」の指導講師養成のように、「保育士等キャリアアップ研修」を担う講師を育成するシステムや全国的な研修モデル、標準化された指導内容の確立も必要である。また、「保育士等キャリアアップ研修（保護者支援・子育て支援）」を補完する形で、「保護者支援・子育て支援担当の専門リーダーや分野別リーダー」に対する現任研修制度の確立も求められる。さらには、各都道府県や市町村で実施しているスキルアップ研修（例：大阪府の「スマイルサポーター養成研修」や各地で実施されている「子育てアドバイザー養成研修」など）及び日本保育ソーシャルワーク学会等で実施している「保育ソーシャルワーカー認定研修」などの資格研修なども受講し、「保育士等キャリアアップ研修」だけでは不足する内容を補完することも必要であると考えられる。

　第2に、各園が「保育ソーシャルワーカー」を自費で雇用したり、「保育ソーシャルワーカー」を派遣する団体等とコンサルテーション形式の委託契約を締結したりするという方法である。現実に、全国では自費でソーシャルワーカーを雇用したり、ソーシャルワーカー等とコンサルテーション契約をしたりしている法人がある。しかしながら、今後も少子化が進み各園の定員確保や財政状況が厳しくなると予測される中では人件費負担の問題があり、国や自治体が補助金等を出さなければ、一部の大規模法人や財政的に余裕のある園以外では独自の雇用や配置は難しいと考えられる。

　日本保育ソーシャルワーク学会の保育ソーシャルワークを定義に立ち返れ

ば、「子どもの最善の利益の尊重を前提に、子どもと家庭の幸福（ウェルビーイング）」を実現するためには、多様化かつ複雑化する子どもと保護者への配慮や支援を早急に対応できる体制を整え、保育現場が混乱しないソーシャルワークシステムの確立が必要である。そのためには、将来を見据えた「保育ソーシャルワークシステム」の確立と当面対応すべきさまざまな手当の方法を組み合わせながら、ソーシャルワーク支援から零れ落ちることのないセーフティネットを張り巡らせることが重要であると考えられる。

付記

本稿は、立花直樹「保育士の専門性から俯瞰する保育ソーシャルワークの現状と課題」『聖和短期大学紀要』9、2023年、31-39頁に加筆・修正を加えたものである。

注

1）「保姆」北京・商務印書館・小学館編『中日辞典 第3版』小学館、2016年。

2）立花直樹「子ども家庭支援のシステム」、立花直樹・安田誠人監修『子どもと保護者に寄り添う「子ども家庭支援論」』晃洋書房、2022年、1頁。

3）待井和江「保母の専門職化と保育者養成」『社會問題研究』（大阪社会事業短期大学）、30（2・3・4）、1980年、117-148頁。

4）「保母養成施設の設置及び運営に関する件（昭和23年4月8日：厚生省児童家庭局長通知第105号）」厚生省、1948年。

5）前掲注3）、119頁。

6）今堀美樹「保育ソーシャルワーク研究——保育士の専門性をめぐる保育内容と援助技術の問題から——」『神学と人文——大阪基督教学院・大阪基督教短期大学研究論集——』42、2002年、186頁。

7）鶴宏史『保育ソーシャルワーク論——社会福祉専門職としてのアイデンティティ——』あいり出版、2009年、54頁。

8）森内智子・奥典之「保育と福祉の協働——保育ソーシャルワークの必要性（人文・社会科学編）——」『四国大学紀要』34、2010年、64頁。

9）伊藤良高「保育制度・経営論としての保育ソーシャルワーク」、日本保育ソーシャルワーク学会編『保育ソーシャルワークの世界——理論と実践——』晃洋書房、2014年、26頁。

10）「日本保育ソーシャルワーク学会とは」日本保育ソーシャルワーク学会、2013年（https://jarccre.jimdo.com/、2023年1月1日閲覧）。

11）厚生労働省雇用均等・児童家庭局保育課長「保育士等キャリアアップ研修の実施について（雇児保発0401第1号）」、2017年（https://www.keieikyo.gr.jp/mypage/data/j170411_3.pdf、2023年1月1日閲覧）。

12）原田明美・坂野早奈美・中村強士「保育ソーシャルワーク論の試み――「子どもの貧困」問題からのアプローチ――」『あいち保育研究所研究紀要』2、2011年、64頁。

13）寺田清美「主任保育士の実態とあり方に関する調査研究報告書」『日本保育協会』2011年、89-93頁。

14）丸目満弓・立花直樹「保育士をめざす学生のソーシャルワーク業務に関する意識および意欲についての一考察」『兵庫大学短期大学部研究集録』46、2012年、64頁。

15）千葉千恵美・鑑さやか・渡辺俊之「保育所保育士による家族支援――27例のケース検討会から――」『高崎健康福祉大学紀要』6、2007年、98頁。

16）宮崎由紀子「まとめと展望」、伊藤良高・香崎智郁代・永野典詞ほか「保育現場に親和性のある保育ソーシャルワークの理論と実践モデルに関する一考察」『総合科学』（熊本学園大学）、2012年、19頁。

17）橋本好広「保育ソーシャルワークの動向と課題」『足利短期大学研究紀要』37、2017年、22頁。

18）千葉千恵美「子育て支援における保育ソーシャルワーク」、日本保育ソーシャルワーク学会編『保育ソーシャルワークの世界――理論と実践――』晃洋書房、2014年、44頁。

19）土田美世子『保育ソーシャルワーク支援論』明石書店、2012年、107頁。

20）柏女霊峰「保育相談支援の意義と基本的視点 第3節 子育て支援、ソーシャルワークと保育相談支援」、柏女霊峰・橋本真紀『〔増補版〕保育者の保護者支援――保育相談支援の原理と技術――』フレーベル館、2010年、98頁。

21）「よくわかる『子ども・子育て支援新制度』」こども家庭庁、2015年（https://www.cfa.go.jp/policies/kokoseido/sukusuku、2024年1月1日閲覧）。

22）「学校教育法施行規則の一部を改正する省令の施行について（通知）（令和3年8月23日：3文科初第861号）」文部科学省、2022年（https://www.mext.go.jp/b_menu/hakusho/nc/mext_00034.html、2023年1月1日閲覧）。

23）「子ども家庭福祉ソーシャルワーカーを創設へ：厚労省は国家資格化を見送り」福祉親聞、2021年11月15日記事（https://fukushishimbun.com/topics/26810、2023年1月1日閲覧）

24）「新資格『こども家庭ソーシャルワーカー』に決定 厚労省ワーキングが報告書」、2023年3月16日、福祉新聞（https://www.mhlw.go.jp/content/000994207.pdf、2023年1月1日閲覧）。

25）子ども家庭福祉の認定資格の取得に係る研修等に関する検討会及びワーキンググループ「こども家庭福祉の認定資格（こども家庭ソーシャルワーカー）検討概要」厚生労働省、2023年、4頁（https://www.mhlw.go.jp/content/11909000/001071894.pdf、2023年3月31日確認）

26）「児童福祉法等の一部を改正する法律の施行に向けた検討状況（令和5年9月15日：市区町村説明会）」こども家庭庁、2023年、22-34頁（https://www.cfa.go.jp/policies/jidougyakutai/Revised-Child-Welfare-Act/、2023年4月1日閲覧）。

27）「『こども家庭ソーシャルワーカー』資格のための研修の認定に関する実施要項（案）」一般財団法人日本ソーシャルワークセンター、2024年3月4日、2頁。

28）「令和4年度学校基本調査（確定値）について公表します」文部科学省、2022年、1頁（https://www.mext.go.jp/content/20221221-mxt_chousa01-000024177_001.pdf、2023年1月1日閲覧）。

29）「令和3年社会福祉施設等調査の概況」厚生労働省、2022年、9頁（https://www.mhlw.go.jp/toukei/saikin/hw/fukushi/21/index.html、2023年1月1日閲覧）。

30）厚生省「保母養成施設の設置及び運営に関する件（昭和23年4月8日：厚生省児童家庭局長通知第105号）」、1948年。

31）厚生省「保母養成施設の設置及び運営の改定（厚生省告示第33号）」1952年。

32）厚生省「保母を養成する学校その他の施設の指定について（厚生省告示第352号）」1970年。

33）厚生労働省「指定保育士養成施設の修業教科目及び単位数並びに履修方法（厚生労働省告示第198号）」2001年。

34）保育士養成課程等検討会「保育士養成課程等検討会中間まとめ（平成22年3月）」厚生労働省、2010年。

35）立花直樹「保育現場の課題と保育士養成課程におけるソーシャルワーク科目の変遷」『聖和短期大学紀要』7、2021年、31-32頁。

36）保育士養成課程等検討会「保育士養成課程検討等の見直しについて（検討の整理）【報告書：平成29年12月】」厚生労働省、2017年。

37）前掲注32）、32頁。

38）立花直樹「子ども家庭支援のシステム」、立花直樹・安田誠人監修『子どもと保護者に寄り添う「子ども家庭支援論」』晃洋書房、2022年、2頁。

第13章
生活理解の方法としての「食卓」から子育て支援への展開
——保育ソーシャルワークの試み——

は じ め に

　保育所における子育て支援で必須となるのが、子育て家庭の生活を理解することである。しかし、生活はあまりにも日常的であるために、子育て家庭の生活を理解することは難しい。保育者（支援者）は何とかそれを知ろうとして、保護者に「どのような子育てをしているのか」「昨夜の様子はどうだったか」、あるいは「何か悩んでいることはないか」といった質問を投げかけるが、その答は捗々しくないのが通例である。

　こうした子育て支援における課題から、子育て家庭の生活を理解する方法として食事場面に着目した。食事は毎日繰り返される行為であり、生活と子どもの発達における柱である。また、親子の交流やしつけの場でもあることから、そこでの親子の関わりに着目することには意味があると考えたからである。本章では、保護者が家庭での食卓場面を語り、保育者（支援者）と共感的な相互理解を進めるなかで、子育て家庭の生活を理解し、子育て支援につなぐ可能性を示したい。

1　子育て支援における家庭での食事場面への着目

1　子どもの成長・子育て家庭における食事の意味
　乳幼児期の食の営みは、身体的な栄養の摂取とともに、親子の愛情や親密さの相互伝達の場であり、子どもの発達、家族の絆と愛情を育てる上でもきわめて重要な生活行為である。家族が集まり毎日繰り返される食事は、子どものしつけの場としての機能も有している。そのため保護者の意図的な働きかけが多

い場面であり、生涯にわたる生活習慣形成を培う場として重要な役割を果たしている。

　室田は「(いつもの家族) という特定の人と、(テーブルの幅ほどの) 近い距離で、(食事が済むまでは席を立たないのが礼儀という) 持続する時間の共有の中で、(毎日、毎回という高い頻度の) 繰り返しの体験をする、という四つの条件が関与する経験であるゆえに、人格形成から生活感覚の形成までは決定的なもの」となり、「食卓での家族の会話や態度、雰囲気を通して子どもたちは人の考え方や価値観、物事を処理する感覚、判断基準など多くの手がかりを具体的に取り入れていく」と述べ、子どもは食卓での人間関係のなかで多くの心理的な感覚と対人関係の技術 (スキル) を手に入れていくとしている。特に離乳期から幼児期の食事は保護者の価値観や、生活姿勢を反映し、子どもの一生の食嗜好と健康状態だけではなく、気質、生活行動をも方向づけるものである。

　食事は基本的には１日３回、毎日繰り返される生活の営みであり、買い物から後片づけまでを含むと家事行為において多くの時間を使っている。したがって何を食べたかという食事の内容だけに止まらず、調理や後片付けまでの一連の行為とそこで取り結ばれる物や人との関係を見ることによって、子育て家庭の生活全体が理解できるのではないかと考えた。

2　生活理解の方法としての「食事」

　これまで、社会福祉の分野において食事に関する研究は、摂取量や嗜好、嚥下、肥満対策や高血圧予防のための栄養指導、母乳授乳の推進など栄養の摂取などに関するものが中心であった。そのなかで、ソーシャルワーク領域でアセスメントにおける「食事場面」の有用性を唱えたのが、窪田暁子である。窪田は「食事は、生物としての個体が、エネルギーを外界から取り込むために行う活動の中心的なものであって、したがって不可避的に社会的な営みであり、同時に心理的にも大きな意味をもつ。食事の仕方とその内容はその人の社会的活動の形態や水準を反映する」とし、「そのような食事を、どういう風に、誰と一緒に食べたのかという質問は、過去24時間という限定をつけるとき、きわめて具体的な回答を、同時にそれにまつわる感情や思い出までも知ることができる」のではないかとその可能性についてホームヘルプサービスを利用する高齢

者の事例を通して**表13-1**のように示している。

　この窪田の見解は、社会福祉のなかで食事を単なる日常生活での生命維持の
ために営まれる生活行為だけではなく、社会福祉実践のなかで食事を通して、
社会的および心理的な意味を見出すことの可能性を説いたものである。食事
は、子どもの発達と家庭の生活において中核となる領域であり、子どもと保護
者の生活理解の促進を可能とする要素を含んでいる。保育所における子育て支
援においても重要な位置づけとなり、現状の保育者（支援者）が抱えている生
活理解という課題の解決に向けての手がかりとなると考えられる。

2　食事場面を用いた保育所における子育て支援の実践にむけて

1　保護者のエンパワメントを志向する支援

　保育所保育指針の第4章では、子育て支援について「保護者及び地域が有す
る子育てを自ら実践する力の向上に資すること」「保護者が子どもの成長に気
付き子育ての喜びを感じられるように努めること」が示されている。つまり、
その支援では、保護者の抱える問題の解決・改善とともに、その強さ・長所
（ストレングス）を見出し、保護者にその自覚化を促しながら対処能力と社会的
機能を含んだ回復・促進・強化を目指すという保護者のエンパワメントを志向
することにある。

　子育て世代の保護者にとっては、支援者との対話のなかで自身の生活や子育

表13-1　ソーシャルワークにおける食事を活用した生活理解の可能性

援助方法としての可能性	具体的内容
生活全体の理解	食事をめぐる一連の行為とそこで取り結ばれる物や人との関係を見ることで生活全体が理解できるのではないか。
援助の基盤の樹立	援助の基礎としてより効果的なアセスメントと、援助関係の樹立とが可能となるのではないか。
援助目標と援助方法の確立	在宅福祉の第一線のワーカーによる、生活習慣変容にむけての援助目標と援助方法の確立という、困難な課題にむけて一定の見通しを得ることができるのではないか。

（出所）窪田暁子「食事状況に関するアセスメント面接が生まれるまで」（『生活問題研究』3、1991年、56-57頁）を基に筆者作成。

てを振り返る機会は日常的に少ない。しかし、育児を語るという体験は、自身の生活を客観的に考え、保護者の問題認識および問題解決能力を高める手段ともなる。食事場面の保護者と子どもの様子だけではなく、買い物から調理、後片づけまでの一連の食事をめぐる生活場面をできるだけ詳細に子育ての場面が語られ、その中から浮かび上がる生活実態を手がかりとしながら、保護者と保育者（支援者）のコミュニケーションを介した相互作用を通じてエンパワメントを図っていくことが、本研究で目指している支援のかたちである。

2　食事場面を用いた子育て支援の枠組み

　本人主体のエンパワメントを促していくためには、その生活を担っている個人の課題の捉え方、対処の仕方、それらに伴う感情や衝動の処理の仕方などを変えることも求められる。そのためには、個人が生活のなかでこれまで学んできたこと、形成してきたサポート、ネットワークや習慣などを思い返し、その場面の評価をしながら、今後の対処の方法に役立てるという作業が必要となる。

　以上の視点を踏まえて「食事に関する面接シート」を開発した（表13-2）。シートは最低限必要とされる情報として、昨夜の夕食を、①いつ、②どこで、③誰と、④何を、⑤どのように食べたのかをベースに、食事の準備から片付けまでの流れの中で、食事への工夫や雰囲気、マナーやしつけ、保護者の気持ちなどを自由度が高く聞けるようにし、半構造化面接として展開することを要素と用いることにしている。そして、このシートは解決志向アプローチで用いられる質問技法をもとに、ソリューション・トークとプロブレム・トークのバランスを踏まえた5W1Hは基本構造として進められる（表13-3）。プロブレム・トークとしての5W1Hは家庭での生活や問題を具体的に明らかにするという点で重要な意味をもっており、状況や出来事の流れに注目することができる。つまり、どのような状況のなかで何が起こり、その結果どのような状況になったのかという問題の流れを、縺れた糸をほぐすように確認、整理していく。問題となっている場面（状況）を具体的に明らかにしていくなかで、そうではない状況を見出すことができれば、例外の発見にもつながる。

　一方で、ソリューション・トークとしての5W1Hでは、うまくやれているこ

表13-2　食事に関する面接シート

いつ （時間）	どこで （場所）	誰と	何を （食事内容）	どのように （雰囲気・会話・子どもとのやり とり・環境）	いつもは	備考
			献立	食卓の環境		
			調理者	会話について		
			調理の工夫	子どもの食べ方、対応		
			買い物について	食事での約束ごと		
				食事の後		
面接を通して気づいたこと				こうありたいと思う現状・課題		
当面の目標				インタビューの感想		

（出所）筆者作成。

表13-3　ソリューション・トークとプロブレム・トーク

ソリューション・トーク	目標　変化　未来　（何を求めているのか？）
プロブレム・トーク	原因　問題　過去　（何が足りないのか？）

（出所）筆者作成。

とや例外などについて、「どんなふうにしたのか」「どのような工夫をしていのか」「その時うまくできたのは何か理由があったのか」など、細かい部分まで具体的に追究することができ、これまでの対処方法から子育てに関する自己の評価を促すことができる。

3　食事場面に関する保護者へのインタビュー調査

1　調査概要

　前節で示した「食事に関する面接シート」を用いた保護者へのインタビュー調査を通して、食事場面を通して子育て家庭の生活を理解する支援者と保護者との相互の関わりによる支援の有用性を検討した。

　調査の実施には大阪府内の保育所5カ所から調査実施の協力を得た。続いて、保育所を通じて、調査対象となる保護者に調査への協力を依頼し、1〜6歳児までの保護者14名からの協力を得た。本調査期間は、2016年10月21日〜2017年1月25日にかけて調査実施の協力を得た保育所において前日が平日となる火〜金曜日に個別に調査を実施した。³⁾

2　調査結果

　調査を実施した前日に、父親と夕食を食べていた家庭は14件中、5件であり9件の家庭では夕食時に父親は帰ってきておらず、母親と子どもだけの夕食が多くを占めていた。父親が帰ってくるのは、おおむね20時過ぎ4件、21時過ぎ3件であり、土・日曜日の週2回ぐらいしか父親と一緒に夕食を食べない2件、ほとんど居ない1件という家庭もあった。

　さらなるインタビュー調査の分析は、質的研究の手法の一つである木下の修正版グラウンデッド・セオリー・アプローチ（Modified Grounded Theory Approach: 以下、M-GTA）を用いて進めた。^{4) 5) 6)}その結果、241個の定義にもとづく発言セグメントが抽出され、48個の概念が形成された。さらに、統合の結果18個のカテゴリーが形成され、さらに4つのグループカテゴリーに整理された。カテゴリー間の関係にもとづく、ストーリーラインは以下の通りである。なお、カテゴリーを〔　〕、概念を【　】、保護者の語りは「　」で示している。

　食事場面を用いてのアプローチを通して、はじめに〔食事に関する不安と子どもへの関わり〕に焦点が当てられて【子どもへの健康面への配慮】や、食事場面の保護者の【子どもへの感情】が語られ、次第に〔育児に伴

う困難さ〕として、【子どもに関する不安・悩み】と【子育て以外に関する不安・悩み】について食事以外の事柄について詳しい内容が語られた。保護者が語る生活実態と感情を伴う場面を保育者が共感的に聞くことによって、育児に関する【否定的な感情】ばかりではなく、【肯定的な感情】について自身の育児に対する意味づけをする形で語られた。その後、【外部からの支援】を通して改めて客観的に育児を見直し、〔子どもを中心とした親としての関わり〕において、【心理的ゆとり】や【子どもの本位の関わり】について何が大切なのかの気づきを促すことにつながった。その後、〔保護者の主体的な変化〕として【保護者自身の変化】および【関係変化】へと後押しするプロセスへとつながっていった。

3　食事場面を用いた子育て支援がもたらす機能

　分析を通して、食事場面を用いたアプローチは、拡張性・柔軟性が高く、さまざまな生活場面に焦点を当てることを可能としていた。調査の結果でも、食事場面に限らず、保護者の不安や悩みを中心とした感情や、子育て家庭の詳細なミクロ・メゾ・マクロにわたる情報を得ることができるものである。さらに、「食事」は誰もが日々経験しており、語り手の主観的な感情を投影しやすいテーマでもある。保護者が解決力を高めていくプロセスは、子どもの成長と共に自身（保護者）の成長を感じられる場合に自分自身への変化を感じることができるのではないかと考えられた。

　また、〔子育てに伴う困難〕は物理的な困難さと、心理的な困難さの両面が認められた。これらの困難さは、子育てにおいて保護者にネガティブな感情を与え、子どもと家族員との関係も不安定にするものである。しかし、〔外部からの支援〕によって、子どもへの愛情や成長を再確認し、自身の子育てを客観的に捉えることによって、〔保護者自身の成長〕〔関係変化の認識〕の語りにつながっていた。これは、自身の子育てを支援者からの共感的な態度が、〔保護者自身の成長〕を裏付ける体験となっており、この変化に気づく視点を得ることができると考える。そこには、〔心理的ゆとり〕が大きな影響をおよぼしていると考えられ、子育てに取り組む保護者を支持すると共に、子どもを待つこ

とができるような〔心理的ゆとり〕を支えることがエンパワメントを志向する支援において重要であると考えられた。

　さらに、調査に協力いただいた保護者の感想、意見から、食事に関する問いかけは抵抗なく受け入れられるものであった。自由度・柔軟性の高い語りのなかで、食事場面だけではなく生活の全体的な理解と、良好な支援関係の確立を示唆するものであった。

4　食事場面を用いた子育て支援の有用性

1　アセスメントと支援を一体とした実践モデル

　食事場面を手がかりとする支援の最大の利点・特徴は、日常の何気ない食事場面を切り口として、誰もが経験し、非該当者はいない「食べる」という一連の生活行為が展開する生活の場に着目する点にある。つまり、聴きやすさ、語りやすさ、共感のしやすさがそこにはある。保育者（支援者）には見えにくい家庭での生活と子育ての様子を、自らの言葉で語ることを可能とした。子どもとその保護者の支援を担う保育者は、その場面を丁寧に聞き取ることを通して、保護者の親としての意欲、生活する力を感じとることができるのではないか。

　各家庭にはそれぞれの生活行為として睡眠、食事、排泄、仕事、余暇などのリズムがある。それらの生活の基本構造に24時間の「いつ、どこで、誰と、何かを行う、それはどんなふうに、そしていつものことなのか」と生活行為に連動させてみることで、より対象者の日常生活が具体性を帯びて浮かび上がってくる。特に食事場面への着目は、多様で個別的な子育て家庭の生活を映し出し、家族とそれに付随する関係、保護者の育児と生活にまつわる感情（情緒）と生活上の事実（情報・出来事）とが同時にあわせて語られるという点で、アセスメントにおいて有効であるといえる。しかも、保護者にとって自らの生活と子育てについて語ることに対して抵抗感が少なく、支援において保育者（支援者）と保護者との関係が築きやすいという利点もある。

2　食事をめぐる生活理解と子育て支援の可能性

　以上を踏まえ、保育所において食事場面を用いた支援の展開として、子育て支援と保育者（支援者）としての有用性と活用方法として、以下のように整理することができる。

　　子育て支援においての有用性
　　① 家族構成員に対する情緒体験を意識化することができる。
　　② 保護者が生活と子育て場面を主体的に意味づけることができる。
　　③ 保護者の主体性を喚起しやすく、積極的な面接への参加を可能とする。
　　④ 心理的抵抗感が少なく、保護者に対して生活と子育てを語ることの安心感を与え易い。
　　⑤ 保護者の自己理解（自己洞察）を深める契機となる。

　　保育者（支援者）にとっての有用性
　　① 面接技法として柔軟度が高く、自由度が大きい。
　　② 保育者（支援者）と保護者の生活に対する相互理解を促進する。
　　③ 保育者（支援者）は、断片的な生活に関する情報を通して保護者の生活全体に関する豊かなイメージを獲得することが可能となる。
　　④ 保育者（支援者）は、保護者の生活実感を伴う語りから生活を全体的に理解することの感受性を高め、支援関係確立に向けた共感的な理解の手がかりを得ることができる。
　　⑤ 得られる情報は、具体的で確度の高い情報であり、家族構成員の相互の関係や対象者を取りまく人間関係について短時間でその実態を明確化することが可能である。

おわりに

　子どもの生活にはその背景にある家庭環境が影響しているように、保護者にもさまざまな背景があり、子育てに困難さを生じさせている課題を抱えている。そのなかで、保育者（支援者）には生活の具体的な把握とともに、困難さ

144

の構造を読み抜く力量がますます求められる。それらの理解を通して、はじめて保護者の主体的な問題解決として、エンパワメントを志向する支援が可能となる。そのために、保護者自らが自分自身の生活と子育てを積極的に、自らの声と言葉で語り、伝えることが大切である。さらに、積極的な意味づけのなかでそれを支援者に受け止められたとき、より子育てを自立（自律）的に営むことが可能となる。

　加えて、一連の食事場面を用いた子育て支援において考慮できる点がある。それは、保護者から語られる食事の準備から後片づけまでの一連の行為は、子育て家庭を取りまく環境、地域性、文化的状況（条件）に大きく規定されているということである。なぜなら、食事は常に収入の変化や家族構成員の変化、さらには社会的状況、地域的・文化的特徴もが反映されるからである。したがって、それぞれの地域における子育てのメゾ、マクロレベルの支援への手がかりにもつながる。それは、地域の子育て支援の拠点として位置づけられる保育所のソーシャルワーク機能をさらに進めていくことができると考える。

付記
本章は筆者の博士論文「保育所におけるソーシャルワークの有用性に関する研究——食事場面に着目して——」（関西福祉科学大学大学院）、2019年、の一部内容に修正・加筆したものである。

注
1）室田洋子「家族コミュニケーションを食卓からみる」『発達』28（111）、2007年、46頁。
2）窪田暁子「食事状況に関するアセスメント面接の生まれるまで——生活の実態把握と理解の方法としての臨床的面接——」『生活問題研究』3、1991年、55-80頁。
3）調査の実施では、関西福祉科学大学研究倫理審査委員会の承認を得て実施した。
4）木下康仁『グラウンデッド・セオリー・アプローチ——質的実証研究の再生——』弘文堂、1999年。
5）木下康仁『グラウンデッド・セオリー・アプローチの実践——質的研究への誘い——』弘文堂、2003年。
6）木下康仁『ライブ講義 M-GTA 実践的質的研究法——修正版グラウンデッド・セオリー・アプローチのすべて——』弘文堂、2007年。

第14章
子どもの居場所の必要性と取り組み
──地域における子どもの権利保障に向けて──

は じ め に

　本章では、各地に広がる地域における子どもの居場所支援の活動に至る経過
を踏まえて、その意義について考察する。子ども食堂をはじめとした子どもの
居場所支援活動は近年、拡大傾向にある。この増加の背景としては子どものい
る家庭の相対的貧困率への社会的関心の高まりや、子どもの生活環境に対する
支援の必要性の高まりなどがあると考えられる。一方で子どもの居場所支援を
実施することを最終的な到達点として設定するのではなく、子どもやその保護
者、家庭を多様な方法でいかに支えていく体制を構築することができるかとい
う視点を持つことが、今後さらに必要となるといえる。これらの子どもの居場
所の意義と今後のあり方について、保育ソーシャルワークの理論を踏まえなが
ら検討していく。

1　子どもの居場所の位置づけと取り組みに至る背景と展開

1　日本の子どもの居場所の概念に至るまでの動向

　子どもの居場所の必要性について近年注目されているが、「子どもの居場所」
の用語が出てくる以前から、日本では子どもたちが存在していた居場所のよう
な空間はあったと考えられる。例として、従来から子どもに限定せず地域での
人間関係の繋がり（地縁）が重んじられてきたことなどである。とりわけ地域
での関係性の維持や住民の結束を図る機会として、地域では伝統的な祭りや民
俗行事等に存在し、この中で大人や子どもの枠を超えて共に参加する取り組み
が進められてきた。これらの取り組みは祖父母世代から親世代、そして子ども

の世代、また孫世代へと世代的な伝承が行われてきた。当時は異年齢世代の関わりなどから、地域住民としてのアイデンティティや地域としての一体感の醸成や、世代の上下関係等の社会性を身につける場ともなるなど、地域社会における教育的な機能を有していたことから、子どもはその地域の関係性の枠の中で生活してきた。

　また、これらの地域行事のほか、第二次世界大戦直後までの農・林・鉱・漁業の第一次産業を行ってきた地域内の就業や、過去の性的役割分業が重視されていた時代は母親を含めた女性により家庭を中心に家事や子育てを進めてきた過去があり、その時代は年代を問わず地域での生活時間を過ごしてきた。これらの地域を中心とした生活時代は、地域で顔を合わせる子どももわが子のように育てるという社会的な認識が常識的に存在していた。

　その後、子どもの居場所に原初的に繋がったのは1947（昭和22）年の児童福祉法成立からである。日本は第二次世界大戦により、終戦後にかけて子どもに関する社会問題として戦災孤児や浮浪児等を多く発生し、一部の子どもたちが家を失い路上生活を強いられたほか、衣食住の欠如等をはじめとした、子どもの生存上および生活上における深刻な生活問題が発生した。このため、当時の日本を統治していたGHQ（連合国軍総司令部）の管下のもと、戦災孤児や浮浪児対策の児童保護・救済という戦後事後的対応を進めるとともに、救済・保護に限定しない児童の積極的福祉を図ることを目的に、児童福祉の理念を盛り込んだ基本法としての児童福祉法が制定された。当時は現在の子どもの居場所という語句は用いられなかったものの、地域に所在する児童館や児童遊園等で、子どもに健全な遊びを提供することにより子どもの健康を増進することや情操を豊かにすることを目的とした援助活動が展開されていった。

　なお、子どもの生活に影響した流れとして、主に昭和30年代以降の高度経済成長やそれに伴う都市部への人口移動（都市化）をはじめとした就労や生活意識に伴う生活様式の変化などがある。これらの状況によって、世代を問わず地域社会での人々の相互の関わり時間が減少しいくこととなり、その影響は子どもと家族以外の他者にも大きな変化をもたらしていった。

2　子どもの居場所の概念の今日的意味に繋がった展開

　前節で触れたように、広範囲の子どもを対象とした居場所を範疇とする政策
や地域活動が展開されてきた一方で、それぞれの時代により特定（一定の状況下
におかれる）子どもの居場所の必要性についても必要な状況であった。その一
つに、不登校の子どもたちが挙げられる。土方によれば「不登校」の表現は
1989年の法務省の調査報告であったとし、それまでは1950年代末以降の研究に
おいて「学校ぎらい」や「登校拒否」などの表現とされていたとしている。つ
まり当時より学校に行くことができない子どもたちがいたとともに、その子ど
もたちの学校以外の学習や生活の場が必要であったといえる。

　学校に行けない子どもたちを支える取り組みについて、阿比瑠によれば1980
年代半ばの学校に行っていない子どもが昼間に通う場所としてあったフリース
クールやフリースペースで「居場所」の言葉を使ったことに起因していると指
摘し、その後の不登校の子どもたちを対象とした居場所が広がっていったとし
ている。あわせて1990年第後半には学校外での居場所を意識した取り組みが広
がり、児童館や学童保育をはじめとして子どもの「居場所づくり」が展開され
たと整理している。これらの見解から、不登校の子どもたちの居場所の位置づ
けが、現在のような子どもの居場所としての意味に繋がっていったと考えられ
る。

　なお、その後の今日に広がる子ども食堂をはじめとした子どもの居場所づく
りの取り組みは、当初は貧困への対応が意識されていた。一方で日本では過去
から貧困問題が顕在化し、それらの課題への対策として民間においては1890年
代よりセツルメント活動などが行われ、現在に至るまで活動が継続している取
り組みもある。セツルメント活動での多様な支援活動の一環として、貧困者に
対する食事提供などが行われていたところもみられた。

　とりわけ、子どもの貧困が社会的な注目を持たれるようになったのは、子ど
ものいる家庭の相対的貧困率と子どもの貧困率への注目からである。厚生労働
省によれば、相対的貧困率とは「等価可処分所得（世帯の可処分所得を世帯人員の
平方根で割って調整した所得）の中央値の半分に満たない世帯員の割合」とされて
いる。そして子どもの貧困率について、同じく厚生労働省によれば「17歳以
下の子どもに占める、中央値の半分に満たない17歳以下の子どもの割合」とし

ている。日本での日本の子どもの貧困率は、1980年代から上昇傾向にあり、とりわけ2012（平成24）年が16.3％と過去最高なり、当時子ども全体の６人に１人が貧困状態であることが明らかとなった。この時期に報道等でも十分に良質な食事が採れない子どもたちの存在や孤食の状況下にある子どもたちが取り上げられたこともあり、貧困対策としての地域での子どもの貧困への対応として、日本各地で2010年代中頃より子ども食堂による地域の子どもを対象とした無償もしくは安価による食事提供などの取り組みが広がり、子どもなど参加者が集い、共に食卓を囲むことや、食事以外の交流なども行われたことから子どもの居場所として定着していくこととなった。

　なお、国としては2013（平成25）年に「子どもの貧困対策の推進に関する法律」を制定したほか、官民連携により子どもの貧困対策に取り組む「こどもの未来応援国民運動」などの諸々の取り組みを展開し、この中でも子どもの居場所などの支援などが行われている。

2　地域での子どもの居場所の種類

1　地域での子どもの居場所の全体像

　今日行われている地域での子どもの居場所を捉える際、一つの方法として法律に位置づく制度による施設や事業であるかそれ以外という分類が可能である。法律にもとづいた子どもの居場所としては、児童福祉法第40条にある児童厚生施設に位置づく児童館や児童遊園などがあげられる。児童厚生施設は「健全な遊びを与えて、その健康を増進し、又は情操をゆたかにすることを目的とする施設」である。多くの児童厚生施設は子どもが自由に利用することができるため、子どもにより選択できる子どもの居場所であるといえる。

　なお、類似として取り上げられる放課後児童健全育成事業（児童福祉法第６条の３　２）がある。この事業の目的は「小学校に就学している児童であつて、その保護者が労働等により昼間家庭にいないものに、授業の終了後に児童厚生施設等の施設を利用して適切な遊び及び生活の場を与えて、その健全な育成を図る」とされており、児童厚生施設と同様に子どもの遊びの機会を提供するとされているが、その利用条件が保護者の労働等の状況であることがサービス利

用の要件であるため、子ども自由に利用すること（フリーアクセス）ができない
ことから子どもの居場所としては機能として限定的であると考えられる。

　一方で、先述した法律には位置づいていない子ども食堂をはじめとした子ど
もの居場所も多く存在する。具体的には子どもを対象に食事を提供する子ども
食堂、参加者を子どもに限定せず地域住民なども対象とした地域食堂、子ども
と共に団らん等を行う子どもの居場所活動、子どもの学習支援活動、遊びを提
供することを中心にするプレーパークや冒険遊び場などの活動などである。こ
れらの多くは民間による活動として広がっているが、近年では活動にあたって
国や自治体等から助成金などの支援が行われることもある。

　これらの取り組みは全国的に画一的な方法で行われておらず、多様な方法等
により実施されている。たとえば子ども食堂では、地域の子どもを広く対象と
するオープン型の子ども食堂、経済的事情や家庭の生活状況、障がいある子ど
もなどに限定して取り組まれる参加者限定型（クローズ型）の子ども食堂なども
存在している。また、それぞれの子ども食堂の独自性や特色を活かすととも
に、子どもが自らに合った子ども食堂に参加することができるように工夫して
いる子ども食堂の取り組みを行う様子などがみられるところもある。

2　地域での子ども参加型の居場所活動の実際

　地域における子どもの居場所についての検討を進める中で、とりわけ本章は
民間による子ども食堂の実践例を取り上げ、子どもの居場所での活動の様子に
ついて捉えたい。

　今回は子ども食堂（子どもに食事を提供することにより支援活動をしている拠点）の
４カ所に、実際の活動状況や子どもの受け入れでの様子を中心としたヒアリン
グを行った。ヒアリングは2022（令和４）年11月から12月にかけて行い、実際
にその拠点に訪問することにより実施した。ヒアリングの対象者はその拠点の
責任者（代表、リーダーの名称を含む）である。また、ヒアリングの実施にあたっ
ては、収集した個人情報や地域を含めた特定されるすべての情報について報告
時には匿名化するとともに、調査対象者に調査目的と調査方法等について口頭
で説明し、同意を得た上で行った。また、調査対象の４カ所の中には子どもの
参加者だけに特化していない活動（B・D）が含まれるが、回答者には子ども

を中心に共通の設問を行った。その他、子どもとその保護者を受け入れるBについては、あわせて保護者の活動の様子をヒアリングするとともに、4カ所いずれの調査においても参加する子どもの保護者や家庭との関係性についてのヒアリング項目を含めた。

　4カ所（便宜上、並び順は実施期間の長い順に並べ、以下A・B・C・Dで表現する）の実施期間は平均で約3.2年である（COVID-19による活動の中断がある拠点はその期間を除いて計算した。以下、同じ）。

　参加する子ども食堂の形態としては、地域の子どもを広く対象にしている活動が2カ所（A・C）であった。Aは月2回開催、Cは月1回の開催となっている。開催期間は調査時点でAが5年1カ月、Cが1年9カ月であった。参加方法はAが事前申し込みのない先着順による受付（毎回50食を用意）、Cは事前申し込みの上で参加することとし、平均で30人程度が参加している。

　また、Bは子どもとその保護者を対象とするおやこ食堂として実施し、開催期間は調査時点で3年3カ月であった。開催頻度は週に1回で、参加は事前の申し込み制としている。平均で15組程度が参加している。

　Dは子どもだけでなく、地域の65歳以上のひとり暮らしの高齢者が参加する地域食堂として実施している。参加は事前申し込み制（高齢者は社会福祉協議会の生活支援職員が対象者を抽出して参加を募集）としている。開催期間は調査時点で3年0カ月であった。開催頻度は概ね月1回程度で、各回の参加者は子ども（小学生に限定）が平均15名程度、高齢者が10名程度参加している。

　子ども食堂等を実施するにあたっての経緯についてヒアリングしたところ、AとBは責任者とその知人等が子ども食堂に関心があり準備・実施に至ったとされ、Cは複数の自治会の連合会が協議し、自治会活動の一環で実施したこと、Dはスタッフの数名が同県社会福祉協議会による子ども食堂の研修会に参加したことからであった。

　次に子ども食堂等の実施の目的を調査者が設定した10個の設問肢と自由回答により上位4つまで選択する方式で尋ねたところ、「地域での孤立を防ぎたい」が4カ所すべての拠点となり、次に「孤食を防ぎたい」（A・B・C）、「地域で子どもの居場所を作りたい」（B・C・D）が3カ所、「地域での他の家庭や世代間での交流を図りたい」が2カ所（B・D）などであった。「子どもの貧困をな

くしたい」と回答した拠点は1カ所（A）のみであった。今回の調査数は少ないものの、子ども食堂の責任者側には子どもの貧困を直接的に防ぐという意識は低い可能性が推察される結果となった。

　次に参加時の参加している子どもの様子についてヒアリングしたところ、4カ所すべての発言に「楽しく参加している」「子どもが喜んでいる」との回答があった。また「おかわりすることも多い」（A・D）、「（食事の）メニューについてのリクエストがあった」（C・D）など、子どもたちの食事への期待も含まれていた。その他、「食事の前後で子どもたち同士が遊んでいる」（A・B・D）、「子ども食堂で新しく友達ができた子どもがいた」（A・C）、「最初は緊張していた子どもが、参加する高齢者とうれしそうに話をする場面がある」（D）など、新たな対人関係の広がりについての回答もあげられた。なお、親子が参加対象のBでは、「親同士のつながりが広がっている」という回答もあった。

　子ども食堂の運営者やスタッフが実施している支援や意識している関わりについては、すべての拠点が「食事の提供をしている」とあげたほか、「子どもへの食材の説明をしている」（A・B・C）など、食や食育に関する取り組みを行っていた。そのほか、「参加時のルールやマナーを掲示している」（A・C・D）、「子どもに参加時の挨拶について声がけしている」（D）など、最低限の参加者同士や参加にあたっての教育的支援を行っていた。また「食品管理やアルコール消毒など衛生面を意識している」（A・B・D）、「送迎が必要な子どもにはスタッフが付き添っている」（A）など、安心して参加できる配慮が行われていた。

　その他、参加者に対する気づきなどがあるかを聞いたところ、「日常的な家庭での食生活が乱れていることが気になったことがある」（A）、「家で1日1回程度しか食べられていない子どもがいた」（C）、「子どもと親の関係がうまくいっていないことを子どもから聞いた」（C）などの回答があった。それらの様子を発見した後の他機関との連携については、「民生委員経由で市に連絡した」（A）、「スタッフが子どもの送迎時に保護者と話をした」（C）、「継続的な見守りをしている」（A・C）とのことであった。

3　今後の子どもの居場所の可能性と展望

1　子どもの権利保障として子どもの居場所づくり

　多岐にわたる子どもの居場所ではあるが、子どもの居場所となり得るためには、参加する子どもが選択できる環境を整えることが必要であるといえる。前節での子ども食堂へのインタビューでも、楽しんで子どもが参加している様子があげられた。子どもが楽しく参加するということは、子どもにとって居心地がよく、自分を受け入れてくれる環境であることが必要であるのではないだろうか。そのことが児童の権利に関する条約（子どもの権利条約）にある子どもの最善の利益（第3条）や、意見表明権（第12条）、結社・集会の自由（第15条）、休み・遊ぶ権利（第31条）の保障に直結すると捉えることができる。子どもの居場所が子どもの権利保障としての実践であることを捉えた上で、子どもの居場所を展開することがきわめて重要といえる。

2　保育ソーシャルワークを視座にした地域での子どもの居場所のあり方

　子どもの居場所を子どもの権利保障の実践としていくことにより、子どもの居場所にアクセスする子どもやその保護者・家庭の生活課題が明らかとなることも考えられる。本章での子ども食堂へのヒアリングでも実際にその様子が窺えることとなった。子どもやその保護者にとって身近な子どもの居場所の活動であるからこそ、子どもの生活課題が明らかとなった際の対応と関係機関の連携をどのように図るかを想定していくことが求められる。

　あわせて子どもの居場所への期待がある背景を考える際、子どもの育つ環境についても捉えることが必要である。鶴は子育て環境の社会的変化を踏まえ、保護者の養育機能に関して「保護者を取り巻く近隣、地域、社会の養育機能が低下していることを認識し、家族・近隣・地域社会へはたらきかける必要[4]」について指摘している。その上で同じく鶴は「子どもが健やかに育つように、そして、保護者も「親」として成長し、責任を果たせるように社会的に援助していくこと、そして近隣や地域において子どもが育つようにつながりを構築していくことが求められている[5]」ことを示している。

　これらの具体的な支援を展開する際、保育ソーシャルワークの知見が大変有効かつ参考であるといえる。伊藤は、保育ソーシャルワークについて「保育とソーシャルワークの学際的・統合的な概念として位置づけられ、子どもと保護者の幸福のトータルな保障をめざし、その専門的知識と技術をもって、保育施設や地域社会における特別な配慮を必要とする子どもと保護者（障がいや発達上の課題、外国にルーツをもつ子どもや家族、育児不安、不適切な養育、虐待や生活上の課題）に対して行われる支援[6]」と定義している。その上で伊藤は、2018年版保育所保育指針解説を触れながら、保育指導について「特別な配慮を必要とするケースはもとより、子どもの保育や子どもの生活において何らかの課題を抱えて／させられているすべての保護者に対するあらゆる支援を総称するものとして捉えていくことが大切[7]」とし、「保育の専門職としての保育士（または保育士集団）の専門性を踏まえたうえでの『子育て支援』をコアとした『保護者支援』（保護者をまるごと受けとめ、まるごと支援する）をさしているものと解し、必要に応じて、広い視野から取り組んでいくことが望まれる[8]」と指摘している。つまり、保育者の専門性を地域の子どもの居場所での活動時に援用することができるよう、保育者が地域における子どもの居場所活動に参画するとともに、子どもと保護者への支援が必要と考えられる場面で保育ソーシャルワークの知見をもって介入することが有効であると言える。

おわりに

　地域における子どもの居場所への期待は今後ますます高まることが予想される。ブームとして子どもの居場所を実施するのではなく、子どもの権利保障の視座を基盤として、持続的かつ安定性を意識した取り組みとすることができる仕組みを構築することや、子どもや保護者の生活支援の一環として支援を実施する視点を持つことも求められる。保育ソーシャルワークの知見も参考としながら、子どもの居場所の充実を図ることが重要である。

注

1）土方由起子「法務省の「不登校」名称について――逸脱から人権擁護へ子どもの捉え方の変容――」『近畿大学教育論叢』29（1）、2017年、13頁。

2）阿比瑠久美『子どものための居場所論――異なることが豊かさになる――』かもがわ出版、2022年、8-9頁。

3）前掲注2）、9-10頁。

4）鶴宏史『保育ソーシャルワーク論――社会福祉専門職としてのアイデンティティ――』あいり出版、2009年、18頁。

5）前掲注4）、18頁。

6）伊藤良高「保育ソーシャルワークとは何か」、鶴宏史・三好明夫・山本佳代子ほか編『保育ソーシャルワークの思想と理論』晃洋書房、2018年。

7）伊藤良高「保護者に対する保育に関する指導」、永野典詞・伊藤美佳子・北野幸子ほか編『保育ソーシャルワークの内容と方法、晃洋書房、2018年、28頁。

8）前掲注7）、18頁。

参考文献

吉田祐一郎「地域における子どもの居場所活動の機能と今日的課題」、伊藤良高編『教育と福祉の基本問題――人間と社会の明日を展望する――』晃洋書房、2018年。

第15章
Highly Sensitive Child への支援

は じ め に

　微かな刺激にも反応を示す敏感な気質をもつ子どもがいる。彼らは育ちの過程において周囲から「恥ずかしがり屋」「人見知り」「引っ込み思案」などネガティブな性格傾向をもつと見なされることも少なくない。Aron は生得的に高敏感な子どもを Highly Sensitive Child（以下、HSC）と称し、その特性を明確化するとともに、子育てや教育のあり方について提言している。[1]

　近年、日本でも子どもの敏感な気質やその子育てに関する書籍が見られるようになった。しかしその認知度は現状では十分とは言えない。HSC のストレングスを踏まえたポジティブな子育てを促進するためには、とりわけ養育の主たる担い手である親をはじめ、保育者などが HSC に対する深い理解をもつことが求められる。

　本章では、HSC を中心に高い敏感性をもつ子どもに関連した先行研究等から HSC をめぐる現状について概観し、その課題を明確にすることを目的とする。まず、HSC とは何かについて明らかにし、HSC の育児や教育の現状を考察する。そして、日本における乳幼児期の HSC 支援の確立に向けた課題について提示する。

1　敏感性の高い子ども
——Highly Sensitive Child とは——

　新しい環境にすぐになじむ子どもがいれば、親の背後に隠れ、自ら行動できずにいる子どももいる。このような周囲の環境に対する生得的な反応は「気

質」と呼ばれ、乳児期から観察することができる。気質は生理的・体質的な基盤をもった個人の行動特徴に見られる一貫性であり、発達的連続性をもつ個人差であると説明されるが、その行動特徴は環境との相互交渉によって変容の可能性をもつ。[2)3)] 扱いの難しい子どもに対して母親は育児負担感を高く感じ、刺激に敏感で情緒的反応が激しい子どもの母親ほど育児不安が高まる[4)] など、親の育児と子どもの気質特徴には関連があることが示されている。[5)] 気質に関連する子どもの行動特徴は、親の共感や受容を困難にし、適切なかかわりを妨げるリスクをもつため、親や保育者が子どもの気質を理解することは子どもの育ちのプロセスにおいて重要である。[6)]

　Aron & Aron は非常に敏感な感覚や感受性を示す気質をもつ人の背景には、感覚処理感受性（sensory-processing sensitivity）の高さがあるとした。感覚処理感受性とは感覚情報を脳内で処理するプロセスの生得的個人差であり、感覚処理感受性が高い人々は、些細な刺激に敏感で刺激過剰になりやすく、新奇刺激に対し次の行動を決定する前にこれまでの個人の経験と照合し確認する必要があるとしている。[7)] Aron は感覚処理感受性が高い人を Highly Sensitive Person（以下、HSP）と称し、内向性や神経症傾向などとは異なる概念であると説明している。このような高い敏感性がある人は、① 深く処理する（depth of processing）、② 過剰に刺激を受けやすい（being easily overstimulated）、③ 感情的に反応しやすく、共感性が高い（being both emotionally reactive generally and having high empathy in particular）、④ ささいな刺激を察知する（being aware of subtle stimuli）といった4つの基本的な特性（DOES）をもつとされる。[8)]

　Aron は上記のような高敏感な気質の子どもを "Highly Sensitive Child" と呼び、① 細かいことに気づく、② 刺激を受けやすい、③ 強い感情に揺さぶられる、④ 他人の気持ちにとても敏感、⑤ 石橋を叩きすぎる、⑥ よくも悪くも注目されやすい特徴をもつことを説明している。[9)] HSC は大音量や多くの情報に圧倒され、些細な刺激にも反応してしまうなど、臆病、神経質、内向的などと見なされるリスクがある。しかし、これらの気質は見方を変えると、生まれつき物事によく気がつき、深く考えてから行動することができる、他者への共感力があり、創造性が豊かで、思慮深いなど、子どものストレングスとして捉えることができる。

　彼らは環境からのネガティブ、ポジティブ両方の体験から影響を受けやすい[10]。子ども期にポジティブな育児や質の高い保育環境に置かれた場合、成人期の外在化問題が少ないことなどが明らかにされている[11]。高敏感であることをリスク要因としてのみ扱うのではなく、環境による影響レベルは多様であり、敏感さは利点にもなり得ることの理解が必要である[12]。一連の研究結果は、高敏感な子どもの気質をポジティブな側面から捉え、周囲の養育者らがそれを高めていくことができるよう、子どもとかかわることの重要性を示唆している。

　HSC を理解する手立てとして、いくつかの尺度が開発されてきている。Aron は感覚処理感受性を測定する方法として、Highly Sensitive Person Scale（HSP-S）を作成した[13]。児童用の Highly Sensitive Child Scale（HSC-S）は23項目から成り、子どもが HSC かどうかを知るためのチェックリストとして活用可能となっている。また Pluess らは Aron&Aron が開発した HSP-S を援用し、易興奮性（ease of excitation）、低感覚閾（low sensory threshold）、美的感受性（aesthetic sensitivity）の３因子12項目からなる HSC スケールを作成している[14]。国内の HSC に関わる尺度としては、Aron の HSC チェックリストをもとに作成された日本語版幼児用 HSC 尺度や[15]、Highly Sensitive Child Scale（HSCS）の日本語版である青年前期用敏感性尺度[16]、児童期用敏感性尺度などがある[17]。

　このような高い敏感性をもつ人は人口の20％程度存在することを Aron は報告している[18]。その他の調査でも２割程度の子どもは高敏感であることが示されており[19]、家庭や社会的養育の場である保育や教育の場等において高敏感な気質特性を示す子どもが一定数存在していることは明らかであろう。しかし、日本では、HSC の認知度は高いとは言えず、生得的に高い敏感性をもつ子どもの育児や保育に関連した先行研究も少ない現状がある。高敏感な子どもたちの気質特徴を踏まえると、個のニーズに応じたアプローチのあり方を乳幼児期の段階から検討していくことは重要な課題であると考えられる。

2 Highly Sensitive Child をめぐる現状
──国内文献を中心に──

1 HSC と子育て

　HSC は乳児期から気質特徴が観察される。たとえば、異常がない場合でも強い刺激に敏感でよく泣き、夜間も眠らず、すぐに目を覚ますなど、他の子どもよりも養育者が負担を感じやすい。成長とともに行動範囲が広がると、新しい環境や変化への適応困難を示すことも増え、周囲のおとなは子どもの過敏さへの対応の難しさに直面する。このような感受性をもつ子どもに対し、親は頻繁に子どもの行動を極端であると見なし、子どものニーズに適切に対応することを困難にすることがある。[20]

　では、HSC の子どもの子育てにかかわる人々はどのように彼らと向き合うべきだろうか。近年、それらを指南するいくつかの書籍が国内でも散見されるようになった。Aron の翻訳書『ひといちばい敏感な子』をはじめ HSC 育児にかかわる親や教育者を対象に HSC 概念を日本に広く紹介している。[21] 児童精神科医の立場から、敏感すぎる子どもの対応や敏感な特性を強みにしていくための方法について言及したものもある。[22] また、長岡は過敏な子どもの育児経験と HSC の知見を踏まえ、のびやかかつ主体的に育てるポイントやレジリエンスを育む方法について提言している。とりわけ長岡は社会生活を営むうえで、高敏感な子どもが困難を経験する機会が多いことを踏まえつつも、体験から立ち直る力であるレジリエンスに焦点を当てた育児のあり方を紹介している。[23] 具体的に「ネガティブ感情とうまくつき合う力」、「現実を捉える力」、「『自分ならできる』と踏み出す力」、「他者と共生する力」「『自分は成長する』と信じる力」、「楽しむ力」の６つの力を育むこと HSC のレジリエンスに必要であることを示すとともに、親自身のあり方についても提言している。これらの文献は育児に有用な情報提供とともに、HSC の育ちにかかわる人々が過敏な気質をもつ子どもの視点から事象を捉えなおし、HSC の特性にもとづいたかかわりを行うことの重要性を示す内容であり、HSC 理解の促進に寄与していると言える。

2　HSC と教育

　現代の教育現場ではいじめ・不登校等への対応、特別支援教育の充実、親による不適切な養育など、さまざまな課題への対応が求められている。教育現場における高過敏な子どもについては、雑誌『児童心理』（70（3）、2016年）、『月刊学校教育相談』（33（11）、2019年）で特集が編まれている。『児童心理』では「敏感すぎる子」と題し、教師の言葉に敏感な子どもへのかかわりや対人関係に傷つきやすい子、騒がしい教室が苦手な子どもへの援助など、学校での具体的事例と対応方法が紹介されている。また『月刊学校教育相談』では HSC 支援が特集テーマとなっている。ここでは実践事例から教室で観察される子どもの過敏さに対し、彼らのもつ敏感さを否定するのではなく、感情をありのままに受容し、その敏感さを強みに置き換えることの重要性が示唆されている。

　藤井は子どもの不登校と子どもがもつ「過敏さ」の関係性に焦点をあて、不登校に特徴的な過敏さを、① 集団から受ける圧力に対する過敏さ、② ことばに対する過敏さ、③ 環境刺激に対する過敏さ、④ 身体の過敏さ 4 パターンに分類した。[24] また、串崎も不登校を過敏性の高い子どもの特性から捉え、理解していく必要性を言及している。発達障害や精神疾患、いじめ、家庭環境の問題も見受けられない不登校の子どものなかに、感覚処理感受性やエンパス（empath）を背景にもつケースが一定数存在することを推察し、彼らの特徴として、① 神経系。生理的。内的リズムの影響を受けやすく、心身の調子について日々変動が大きい、② 環境の小さな要因・変化に圧倒され、場面に慣れにくいうえ、言葉で説明しにくい、③ 深く入り込んだり、入り込まれたと感じやすく、学級のような集団は基本的に不得手で疲れやすい、④ 調子の問時は集団で合っても積極的に参加し、共感的に交流できる、⑤ 発達障害と間違えられやすい等をあげる。[25] このように、近年では過敏な子どもたちが教育現場で呈する行動やその気質に伴う課題について、指摘されるようになってきていることがわかる。

3　HSC と保育

　保育現場における高い過敏性をもつ子どもの実態はどのようなものだろうか。国内では乳幼児期の保育施設に焦点があてられた文献などはあまり見当た

らないが、感覚過敏をテーマにした研究はいくつかある。町田らは、感覚過敏のある子どもの保育に携わる保育者の困難感等を明らかにするための調査研究を行っている。結果からは、保育士の経験年数の偏りなく感覚過敏のこどもへの保育に対し、困難感を抱える可能性があることが示唆された。また感覚過敏の中でも、「触覚過敏」と「視覚・聴覚過敏」では、保育をするうえで感じる困難や対応の工夫が異なることも明らかにしている[26]。また、西川らは感覚過敏傾向がある幼児の社会性の発達を促すことを目的に、保育室のユニバーサルデザインを活用した支援効果を検証すべく縦断的に事例検証を行っている。本事例は感覚過敏傾向をもつ子どもの刺激をすべて遮断するのではなく、子ども相互の発達を促すことに主軸を置いており、保育になじみやすい手法が取り入れられている[27]。

　HSC に焦点化した研究では、山本による保育所保育士を対象としたインタビュー調査がある。調査からは保育士らが「とても敏感である」と認識する子どもの保育経験を有していることが明らかになっている。また、敏感な子どもは気になることが多い、泣く時間が長い、強く言われると泣く、些細な変化に気づく、質問が多い、保育士の心を読む、音に過敏など、保育現場で観察される高過敏な子どもの姿が示され、これら子どもの特徴は、アーロンが提示するDOES（感覚処理感受性の高い人の特徴である４つの側面）に部分的に該当するものであったことが報告されている[28]。

　日本では感覚処理感受性や HSP、HSC に関連する先行研究は未だ少ない状況にある。感覚の個人差については、さまざまな分野で研究されてきているが、自閉症スペクトラム障害の感覚過敏や感覚処理の問題として取り上げられる以外に十分な検討がされていない[29]。HSC は自閉症スペクトラム障害、ADHD、精神疾患などとの区別がつきにくいとされることから[30][31]、乳幼児期のHSC に対する保育実践のありかたを問う必要性は高いと考えられる。

3　乳幼児期の Highly Sensitive Child 支援の課題

　ここまで、先行研究を中心に、HSC および彼らを取り巻く現状について概観した。では、我々は HSC やその親に対し、どのような支援を行っていくこ

とができるだろうか。

　Aron は HSC を育てるうえで、① 自己肯定感を育むこと、② 自己否定感を取り除くこと、③ いけない理由が分かるしつけをすること、④ 敏感な個性をポジティブに伝えることの４点を重要なポイントとして提示している[32]。養育者らは高過敏な子どもが自らをありのまま受け容れ、「自分が自分であってよい」という感覚や、自身の可能性に信頼を寄せ、自分はできるという認識をもつことができるようなかかわりが必要であると理解できる。しかし、このような育児の前提には親自身が子どもの気質への受容や育ちへの信頼が不可欠である。周囲の刺激により強く反応を示す子どもに対しネガティブな感情を持ち続けた場合、子どものニーズに適切に対応することは困難になるだろう。ゆえに乳幼児期の子どもや子育て支援に携わる専門家は、高敏感な子どものアセスメントをとおして、親が子供の行動を理解できるように働きかけることが求められる。Baryła-Matejczuk Monika らは先行研究のレビューから教育者らが過敏性の高い子どもとかかわるうえで適切な支援として、① 過敏性の高い子どもについての知識を身につけ、どのようなニーズがあるかを理解できるようにすること、② 気質にもとづく介入方法などを習得すること、③ HSC の専門家などへのアクセス機会をもつことで相互に学び合い、過敏性の高い子どもたちを包括的にサポートできるようにすることをあげる[33]。HSC の育ちの過程において家庭外の保育・教育の場は重要である。養育に困難を感じる親に対する育児支援と同様に、直接的に子どもとかかわる保育者や教育者に対し特別な配慮を必要とする個々の子どもへの理解が必要とされる。

　日本では HSC 概念についての論考が見られるようになったのは比較的近年である。HSC の特性をみるかぎり、このような高い敏感性を示す子どもは HSC の概念が紹介される以前から保育現場に一定数存在していたと考えられる。山本は保育士を対象とした HSC に関する調査において、HSC ではなく自閉症スペクトラム症や ADHD の診断、またはその疑いがある子どもを想定して回答されたケースが見られたことを報告している[34]。高い感覚処理感受性と自閉症スペクトラムなど感覚特異性との弁別については議論の途上であり、明確にはなっていない。親の子育て、子どもの育ちの過程においての適応困難感のリスクを低減するために乳幼児期の HSC 尺度について検討を重ねていくこと

162

も必要かもしれない。

　日本では発達障害の認知度は向上し、特別な配慮を必要とする子ども一人ひとりのニーズに応じた支援の必要性は共通認識になっていると思われる。感受性の高い子どもについても、診断以前にその子どもにどのような育ちのニーズがあるかを探りながら、かかわっていくことが優先されるべきことであることは変わりないであろう。一方で、生得的な特性については個々の努力では容易に解決できないことも多く、特に子どもの育ちの専門家はそれらを理解し、具体的な方法論を提示しながら、親とともに子どもを育む責を担っているといえる。

おわりに

　敏感性の高い子どもたちの健全な成長発達を支えるために、親をはじめ子どもの育ちにかかわる人々が、敏感な子どもの特性とその対応に関する理解を促進していくことは重要な課題である。一般的な認知の広がりは未だ途上であるが、今後の教育・保育現場等において支援の取り組みが拡大されるよう研究を進めていきたい。

付記
本章は拙稿「敏感性の高い子どもの育ちへの支援」(『西南学院大学人間科学論集』17（2）、2022年）を基に大幅に加筆した。

注
　1）Aron, E. N., *The highly sensitive child: Helping our children thrive when the world overwhelms them*, New York: Broadway Books, 2002（明橋大二訳『ひといちばい敏感な子——子どもたちは、パレットに並んだ絵の具のように、さまざまな個性を持っている——』1万年堂出版、2015年）。
　2）武井祐子・寺崎正治「養育者が捉える幼児の行動特徴に関する研究——1歳6ヶ月健診用気質質問紙とCBCLの関係——」『川崎医療福祉学会誌』14（2）、2005年、261-266頁。
　3）水野里恵『子どもの気質・パーソナリティの発達心理学』金子書房、2017年。

4 ）西野美佐子「母親の教育的かかわりと幼児の気質的特徴との関連に関する研究」『保育学研究』43（2）、2005年、119-128頁。

5 ）輿石薫「母子相互交渉の質と母親の育児不安及び子どもの言語発達との関連性について」『小児保健研究』61（4）、2002年、584-592頁。

6 ）武井祐子・寺崎正治・門田昌子「幼児の気質特徴が養育者の育児不安に及ぼす影響」『川崎医療福祉学会誌』16（2）、2006年、221-227頁。

7 ）Aron, E. N., and Aron, A. "Sensory-processing sensitivity and its relation to introversion and emotionality," *Journal of Personality and Social Psychology*, 73（2）, 1997, pp. 345-368.

8 ）前掲注 7 ）。

9 ）前掲注 7 ）。

10）Belsky, J., and Pluess, M. "Beyond Diathesis Stress: Differential Susceptibility to Environmental Influences," *Psychological Bulletin*, 135（6）, 2009, pp. 885-908.

11）Slagt, M., Dubas, J. S., van Aken, M. A. G., et al." Sensory processing sensitivity as a marker of differential susceptibility to parenting," *Developmental Psychology*, 54（3）, 2018, pp. 543-558.

12）前掲注10）。

13）前掲注 7 ）。

14）Pluess, M., Assary, E., Lionetti, F., et al. "Environmental sensitivity in children: Development of the Highly Sensitive Child Scale and identification of sensitivity groups," *Developmental Psychology*, 54（1）, 2018, pp. 51-70.

15）鈴木亜由美「幼児用 Highly Sensitive Child Scale 日本語版作成の試み」『日本教育心理学会総会発表論文集』59、2017年、353頁。

16）岐部智恵子・平野真理「日本語版青年前期用敏感性尺度（HSCS-A）の作成」『日本パーソナリティ研究』28（2）、2019年、108-118頁。

17）岐部智恵子・平野真理「日本語版児童期用敏感性尺度（HSCS-C）の作成」『日本パーソナリティ研究』29（1）、2020年、8 -10頁。

18）前掲注 7 ）。

19）前掲注14）。

20）前掲注 7 ）。

21）明橋大二『教えて、明橋先生！何かほかの子と違う？ HSC の育て方 Q&A』1 万年堂出版、2019年。

22）長沼睦雄『子どもの敏感さに困ったら読む本――児童精神科医が教える HSC との関わり方――』誠文堂新光社、2017年。

23）長岡真意子『敏感っ子を育てるママの不安がなくなる本』「立ち直る力」育成編、秀和システム、2021年。

24）藤井靖「不登校の子どもの過敏さ」『児童心理』70（3）、2016年、55-61頁。

25）串崎真志「高い敏感性をもつ子ども（Highly Sensitive Child）の理解——自閉症・高敏感者・エンパス・不登校——」『関西大学人権問題研究室紀要』76、2018年、27-55頁。

26）町田唯香・橋本創一・堂山亞希ほか「感覚過敏のある幼児への保育に関する調査」『東京学芸大学教育実践研究』16、2020年、113-117頁。

27）西川ひろ子・西まゆみ・山本文枝「感覚過敏傾向がある子どもへの保育室におけるユニバーサルデザインを用いた支援」『安田女子大学大学院紀要』27、2022年、55-63頁。

28）山本佳代子「保育所における高い敏感性をもつ子どもの保育（1）——計量テキスト分析を用いて——」『西南学院大学人間科学論集』18（1）、2022年、163-175頁。

29）船橋亜紀「感受性の個人差に関する研究の概観」『中京大学心理学研究科・心理学部紀要』11（2）、2012年、29-34頁。

30）前掲注7）。

31）前掲注21）。

32）前掲注7）。

33）Baryła-Matejczuk, M., Artymiak, M., Ferrer-Cascales, R., et al. "The Highly Sensitive Child as a challenge for education - introduction to the concept," *Problemy Wczesnej Edukacji*, 48（1）, 2020, pp. 51-62.

34）前掲注28）、163-175頁。

第16章
幼児の主体性尊重と保育施設の安全環境

はじめに

　幼児期においては、子どもの主体性を尊重することが重要である。この点は、『幼稚園教育要領』等にも明らかであるし、子ども期全体を通じて求められていることが、昨今の政策側の文書でも明白である。それは、未来が見えにくいと言われる今の時代では特に要請されていることである。教えられたことをそのまま素直に覚えて実行するだけでは、もはや未来は生きられないからである。幼稚園や保育所等の保育現場でも、保育者主導の一斉型の保育よりも子ども主体の自由な遊びを尊重する保育が求められているように思われる。

　しかしそのとき、保育者の立場からすると、事故のリスクが高まることが懸念される。一斉型の保育で保育者の目が常に行き届く状況であれば、保育者が設定した流れから子どもが逸脱することを認めない保育であれば、子どもが負傷する危険は少なく、事後対応も速やかになろう。一方、自由保育場面では、あちこちに散らばって遊ぶ子どもの姿を限られた人数の保育者が、子どもたち全てに目配りすることはかなり難しい。本章においては、この問題について、具体的な事故事例を踏まえながら、若干の考察を行いたい。

1　『幼稚園教育要領』等にみる子どもの主体性の尊重

　『幼稚園教育要領』（2017年告示、以下、『要領』）には、「第1章　総則」「第1　幼稚園教育の基本」に「幼児の自発的な活動としての遊びは、心身の調和のとれた発達の基礎を培う重要な学習であることを考慮して、遊びを通しての指導を中心として」[1)]とある。あるいは、「教師は、幼児の主体的な活動が確保され

るよう幼児一人一人の行動の理解と予想に基づき、計画的に環境を構成しなければならない」とある。これらからも確認できるように、幼稚園での保育活動には子どもが自ら取り組む遊びが求められている。

　この点について、『保育所保育指針』(2017年告示)と『幼保連携型認定こども園教育・保育要領』(2017年告示)にも矛盾はない。たとえば、前者には「第1章　総則」「1　保育所保育に関する基本原則」に「子どもが自発的・意欲的に関われるような環境を構成し、子どもの主体的な活動や子ども相互の関わりを大切にすること」とある。後者には、『要領』と同様、「第1章　総則」「第1　幼保連携型認定こども園における教育及び保育の基本及び目標等」に「乳幼児期における自発的な活動としての遊びは、心身の調和のとれた発達の基礎を培う重要な学習であることを考慮して、遊びを通しての指導を中心として」とある。

　このことは、幼児期の子どもに限定されない。たとえば、中央教育審議会答申『幼稚園、小学校、中学校、高等学校及び特別支援学校の学習指導要領等の改善及び必要な方策等について』(2016年12月21日)においても、「主体的・対話的で深い学び」の実現を求める中で、「学ぶことに興味や関心を持ち、自己のキャリア形成の方向性と関連付けながら、見通しを持って粘り強く取り組み、自己の学習活動を振り返って次につなげる「主体的な学び」が実現できている」ことを求めている。

　さらに、その後の中教審答申『「令和の日本型学校教育」の構築を目指して〜全ての子供たちの可能性を引き出す、個別最適な学びと、協働的な学びの実現〜』(2021年1月26日)においても、「『主体的・対話的で深い学び』を実現し、学びの動機付けや幅広い資質・能力の育成に向けた効果的な取組を展開し、個々の家庭の経済事情等に左右されることなく、子供たちに必要な力を育む」として、その中で幼児教育に「身近な環境に主体的に関わり様々な活動を楽しむ中で達成感を味わいながら、全ての幼児が健やかに育つことができる」ことを求めている。

2　保育現場の事故事例から

　以下、具体的な事故事例を挙げて、保育現場での対応や課題を考察したい。ここで取り上げる事例は、その後自治体レベルで検証委員会が設けられ、目撃者が子どものみであったり直接対応した保育者の協力が難しかったりして十分でないにしても、状況やその原因や課題がある程度整理されたものである。

1　上尾市立上尾保育所事故

　2005年8月、埼玉県内の公立保育所の園舎内で発生した、4歳男児が熱中症で死亡した事故である。4歳児クラスでの散歩から帰った後、10時30分頃から子どもたちは保育室、廊下、遊戯室等で思い思いに遊んでいたが、11時35分頃、給食のための人数確認の際に当該男児の不在に保育者が気づいた。クラス担任だけでなく他の職員も保育所内外を探したが見つからず、結局、研修で不在であった所長が帰所後、木製スタンド型絵本棚の下の引き戸の中で意識不明の本児を発見した。救急搬送したが、13時50分に死亡が確認された。[8]

　「事故の状況」について報告書は、「被害児童が8月10日の10時30分頃以降、12時25分頃の発見までの間に、本件本棚にいつ入ったのか、一人で入ったのか、複数の人と遊んでいて入ったのか、それとも保育所内の児童とのトラブルのなかで押し込められたのか、さらに本件本棚の引き戸を自分で閉めたのか、第三者が閉めたのかは目撃者を確定できないため、正確には判明できない[9]」と述べる。事後の状況把握は、乳幼児の事故検証では特に難しいところである。

　報告書は、「職員の事故対応の問題点」として、「子どもの成長と専門職の援助」「子どもの動静の確認」「事故が発生したときの対応[10]」を挙げる。1つ目は「保育士は日常の保育業務のなかで一つひとつの事故の体験を通じて子どもに事故発生の危険や発生するであろう事故の重大性を予測しながら子どもたちを指導し、事故の回避をする責務がある[11]」のであり、そのためには保育者は子どもの発達上の特性を知り、個人としても保育者集団としても力量を高め、保護者に信頼を得ることが求められるという。

　2つ目は「子どもたちの動静や人数を少なくとも30分おきぐらいには相互

168

に、あるいは独自に確認する必要があった[12)]」と断じ、保護者の立場から「約1時間もの間、子どもの所在が不明であったり、安否がわからないということはあり得ないとの専門職及びその集団への信頼が前提になっている[13)]」という。3つ目は「所在不明の子どもを捜す場合、誰がどこを捜すのか明確でないこと」「被害児童が所在不明になったことをすべての職員に直ちに徹底されたか否か、かつ不明であること」「本棚に子どもが過去たびたび入って遊んでいたとの情報が、他の保育士から担任などに全く提供されていないこと[14)]」などを指摘する。

本事例では、見通しの悪い廊下の一角に危険な引き戸のついた絵本棚を置いたこと、1時間以上異常に気づかずその後の捜索も行き当たりばったりであったことなど、問題が多く指摘された。しかしここで特に注目したのは、本報告書が「従来、上尾市立の保育所では、子どもの自由な活動を尊重した保育が大切にされてきており、上尾保育所でもその方針を踏襲している」「保育が『自由の原理』や、『自主性の原理』に基づいて行なわれることに関しては、理にかなったものと考えられ推奨される保育の方法の原理として広く保育界で尊重されている[15)]」とした上で、「その原理について、それぞれの保育所の全職員が共通認識をもって、いかに運用しているかが問題となる[16)]」と指摘した点である。

2　高森町保育所事故

2018年2月、長野県内の公立保育所の4歳男児が、園外保育先で死亡した事故である。当初予定の広場がぬかるんでいたため、担任の咄嗟の判断で隣接する雑草地まで遊びの範囲を広げた結果、3歳児クラスの当該児が木に囲まれ死角になっていた墓地に入って、不安定な墓石の下敷きとなった。合同で園外保育に出かけていた5歳児クラスの担任と協力して、引率の保育者たちは、AEDの使用、救急搬送等の対応に当たったが、ここでも保育者同士の連携の不十分さが目立つ結果となった[17)]。

報告書は「園外保育の実施方法に、数多の問題があった[18)]」と指摘する。「『下見』は相当に不十分なものであり、その場所を園外活動の場として選んだ理由や、保育上のねらいもはっきりしていない」「園外活動に対する園長の許可そ

のものが形骸化していた」「室内の保育であれば、保育士配置基準を満たしていれば十分であったと考えられるが、これほど大規模で危険を伴う『遠足』に近い園外活動では、引率の保育士の人数は4人では不十分」「その場所に墓地があることを、園外活動の前に知っていた保育士はいなかった」などである[19]。あるいは、「保育に必要なことがきちんと共有されていなかったことも、事故の遠因となっている[20]」として保育者同士の連携にも不備があったと述べる。

　さらに報告書は、「事故当日の保育だけが特に問題だったのではなく、普段の保育のあり方に問題があった[21]」として、町内保育士に行ったアンケートを紹介する。その声は、「日々、危険を感じていた。このままだと絶対に誰か死ぬと感じていた」「起こるべくして起こった事故」「100%防ぐことができた事故」「保育士本位の保育」「保育士の慢心[22]」などと手厳しい。しかしその後、当日出勤前に下見を行ったというクラス担任の証言が誤りであり、「事故当時の責任者である園長はもちろん、事件の当事者である保育士たちは知っていたにも関わらず、委員会の聞き取りにおいてそのことが知らさる（原文ママ）ことはなかった[23]」として追加報告書が出されるに至る。当該保育所の姿勢に疑念が深まるばかりである。

3　鳥取市私立幼稚園事故

　2020年12月、「熱した柚子ジュースの入った、蓋をしていないやかんを持ち、自クラスへ運んでいた担任と本児が廊下で衝突し、担任が持っていた柚子ジュースが本児にかかり熱傷を負った[24]」事故である。当該児は年長クラスの5歳男児で、当初軽傷と思われた熱傷は、翌月の診断では「右前胸部熱傷、熱傷後潰瘍」、「右顔面・頚部浅達性第2度熱傷（約2% TBSA ※1）、右頚部・前胸部・肩部深達性第2度熱傷（約3% TBSA）[25]」とされた。

　まず保育者が蓋をしない容器で熱い飲み物を持ち運んだことが問題となった。しかし、事故後の対応はさらに問題となった。緊急ではあったが、清潔と言えない「現場横トイレのスロップシンクにおいて処置をしようとし」「本児の服を脱がせた上で、シャワー室で熱傷部分を2〜3分冷やした[26]」という。また、救急車を呼ばず、「母親が到着後、本園園長は本園の保育を優先することとし、本児と母親2人が小児科へ向かった[27]」という。冷やし方が不十分だし、

最初から約10メートル横のシャワー室で対応すべきであった。「事故発生の状況を正確に医師に伝えるためにも、本園職員は小児科へ同行すべき[28]」でもあった。

　救急車を呼ばなかったことについて報告書には、「救急車の音、存在は、園に残る子どもたちにとって大きな動揺と不安を与えるから」とし、これは「蜂の事故で救急車を要請した際、救急車が去った後、残された健常な子どもたちが大パニックになり、泣いたり取り乱したりと、救急車の与える影響はかなり大きいと実感した経験があったため」、「当初、火傷に対する認識が重傷ではないと認識していたため[29]」とする園側の説明を記載する。判断を甘くする状況が以前にあったということである。

　この事例では、「本園と本児保護者との意見の相違[30]」がそのまま併記された部分がある。県による現地任意調査も行われたが、「本事案の事実内容を確認する一次資料がほぼなく、詳細の確認ができなかった[31]」という。検証の目的は「その事実関係の把握、熱傷を負った園児（以下「本児」という。）及びその保護者に対する対応を含めた本事案に係る発生原因の調査・分析及び再発防止策の検討を行い、本事案と同様の事故が二度と発生しないよう、教育・保育施設に対して提言を行うこと[32]」であったが、事の重大性に比して、検証作業の困難を物語るものである。

3　事故防止と事後対応

　以上の事故事例でまず気づくのは、保育現場における事故防止に対する認識の甘さであろう。不安定な墓石の存在に気づかないまま園外保育の場所を咄嗟に拡大したり、子どもが入れる大きさの引き戸付きの書棚を大人の目が届きにくいところに配置したり、保育者が熱いジュースを持ち歩いたりする例がそれである。そして、その後の事故対応にも多くの課題が見出される。保育者間の連携の不十分さ、救急対応に関する知識の不足、そして、保護者とのコミュニケーション不足も指摘できる。

　もちろん、事故は起こしてはならない。しかし起こった以上は、二度と繰り返さないために検証作業が求められる。にもかかわらず、実際には検証は容易

でないのである。目撃者が子どもだけのこともあるし、保育者が事実に反したことを語ることもある。そして、「直接事故現場にいた担任及び主任からの聴き取りが、諸事情からできなかった」³³⁾ということもあり得る。今後へ向けて具体的な教訓を得ることが難しいことになるが、その点については、やはり日頃から大きな事故に至らないヒヤリハット事例を集めておくことは意味があろう。

　事故予防（障害予防）については、「できない障害予防をやらない、やろうとしない」³⁴⁾ことが基本だとする考えは有効であろう。例え油断があったとしても、事故を起こしたくて起こしてしまう人はいないはずである。保育者の注意ばかりに頼らず、すなわち「人の努力ではなく、環境改善を基軸とした障害予防へ」³⁵⁾ということである。そして、「対策をしていない無防備な環境で事故を防ぐには、子どもの行動を制限するしか」³⁶⁾ないという指摘も頷けるものである。

　そもそも安全教育・安全保育には、2つの不可欠な要素があるはずである。1つ目は、取り返しのつかない重大事故の危険を子どもの身近に置かないことである。2つ目は、他ならぬ子ども自身が自分の力に余る危険な行動をとらない安全感覚を身につけるための教育・保育である。この点は、『要領』等の領域「健康」〔健康な心と体を育て、自ら健康で安全な生活をつくり出す力を養う。〕の「ねらい」に「健康、安全な生活に必要な習慣や態度を身に付け、見通しをもって行動する」³⁷⁾とあるとおりである。

　「大人が予見できるあらゆる危険を排除することで、子どもたちの危険察知能力の育ちを阻害してしまうこと」³⁸⁾があってはならず、その点の環境の工夫が求められるわけである。たとえば、園庭等の遊具づくりのポイントとしては、「リスクの難易度と挑戦できる子どもの成長段階とのバランスがとれているかどうかを把握し、環境設定する」「挑戦に失敗しても重篤なケガにならないような対策がとられている」「子どもが様々な挑戦をしている姿を見守る際に、自ら危険を察知し、それを乗り越える"怖さ"に対峙しているかどうかを見極める」³⁹⁾ことが挙げられる。これは保育実践上の参考になろう。

おわりに

　本章執筆中（2022年）ににわかに信じがたい報道があった。静岡県裾野市の私立保育園であった園児虐待行為であり、保育士３人が逮捕された事件である[40]。主に１歳児クラスで行われたのは、子どもの足を掴んで宙づりにするといった不適切行為の数々であった。保育現場の事故としては、園バスに関するものが重なり注目を集めたが、それもけっして許されるべきことではないにしろ、保育者が多忙の中で犯したものであり、悪意を感じるものではなかったと思う。しかしこれは、事故というよりまさに事件であり、人々に与えた衝撃は大きかった。

　このような事態に関しては、やはり人的環境としての保育者のあり方が厳しく問われることとなる。幼い子どもにとっての最大の危険が他ならぬ保育者であったということは、絶対にあってはならないからである。そのことを踏まえつつも、本章では、事故事例を紹介検討して、一方、大人から守られるばかりでなく、子ども自身が挑戦意欲を失わず同時に安全意識が育つための環境について、若干の示唆を示したものである。

注
1）文部科学省『幼稚園教育要領〈平成29年告示〉』フレーベル館、2017年、5頁。
2）前掲注1）。
3）厚生労働省『保育所保育指針〈平成29年告示〉』フレーベル館、2017年、5頁。
4）内閣府・文部科学省・厚生労働省『幼保連携型認定こども園教育・保育要領〈平成29年告示〉』フレーベル館、2017年、4頁。
5）中央教育審議会「幼稚園、小学校、中学校、高等学校及び特別支援学校の学習指導要領等の改善及び必要な方策等について（答申）」2016年12月21日、49-50頁（https://www.mext.go.jp/b_menu/shingi/chukyo/chukyo0/toushin/__icsFiles/afieldfile/2017/01/10/1380902_0.pdf、2022年12月19日閲覧）。
6）中央教育審議会「『令和の日本型学校教育』の構築を目指して〜全ての子供たちの可能性を引き出す、個別最適な学びと、協働的な学びの実現〜（答申）」2021年1月26日、17頁（https://www.mext.go.jp/content/20210126-mxt_syoto02-000012321_2-4.pdf、2022年12月19日閲覧）。

7）中央教育審議会「『令和の日本型学校教育』の構築を目指して〜全ての子供たちの可能性を引き出す、個別最適な学びと、協働的な学びの実現〜（答申）概要」2021年1月26日、3頁（https://www.mext.go.jp/content/20210126-mxt_syoto02-000012321_1-4.pdf、2022年12月19日閲覧）。

8）上尾市立上尾保育所事故調査委員会「上尾保育所事故調査委員会報告書」2005年12月、7頁。「（4）本件事故の概要」「⑤事故の内容」参照（https://www.city.ageo.lg.jp/uploaded/attachment/736.pdf、2022年12月19日閲覧）。

9）前掲注8）、7頁。

10）前掲注8）、22-26頁。

11）前掲注8）、23頁。

12）前掲注8）、24頁。

13）前掲注8）、24頁。

14）前掲注8）、25頁。

15）前掲注8）、27頁。

16）前掲注8）、27頁。

17）高森町 保育所事故検証委員会「高森町立保育園において発生した死亡事故の検証等に関する報告書」2019年8月5日、9-22頁（https://www.town.nagano-takamori.lg.jp/fs/4/4/2/3/0/_/houkoku.pdf、2024年1月25日閲覧）。

18）前掲注17）、31頁。

19）前掲注17）、32-36頁。

20）前掲注17）、38頁。

21）前掲注17）、39頁。

22）前掲注17）、39頁。

23）高森町 保育所事故検証委員会「高森町立保育園において発生した死亡事故の検証等に関する追加報告書」2021年7月28日、追加報告、1頁（https://www.cfa.go.jp/assets/contents/node/basic_page/field_ref_resources/70508b4b-d335-4300-9f77-8e831f7c031f/7c8f9bdb/20230620_policies_child-safety_effort_kensho_34.pdf、2024年1月20日閲覧）。

24）鳥取県〔教育・保育施設等における事故防止に向けた調査検証チーム会議〕「教育・保育施設等における事故防止に向けた調査検証チーム報告書」2021年12月、3頁（https://www.pref.tottori.lg.jp/secure/1271951/houkoku.pdf、2024年11月25日閲覧）。

25）前掲注24）。本報告書に「TBSA：Total Body Surface Area の略で、全体表面積のこと」（3頁）と註がある。

26）前掲注24）、21頁。

27）前掲注24）、21頁。

28）前掲注24）、21頁。

29）前掲注24）、11頁。「蜂の事故」については、本報告書の註に、本件の2カ月前に園外
保育に出かけた先で「園児7名（うち、1名は降園（帰宅）後判明）と教諭2名が蜂に
刺され、現場において蜂に刺されたと確認された園児6名と教諭2名は命の危機がある
として、救急搬送された事故」（11頁）とある。

30）前掲注24）、8頁。

31）前掲注24）、3頁。

32）前掲注24）、1頁。

33）前掲注24）、34頁。

34）西田佳史・山中龍宏編『保育・教育施設における事故予防の実践　事故データベース
を活かした環境改善』中央法規出版、2019年、13頁。

35）前掲注34）、14頁。

36）前掲注34）、15頁。

37）前掲注1）、14頁。

38）木村歩美・井上寿『子どもが自ら育つ園庭整備――挑戦も安心も大切にする保育へ
――』ひとなる書房、2018年、93頁。

39）前掲注38）、93-94頁。

40）たとえば、「保育士虐待『氷山の一角』」『読売新聞』2022年12月19日、総合13版、3
面。

第17章
日本における保育者養成倫理の課題

はじめに

　日本の保育領域における倫理綱領には、保育実践に対応した「全国保育士会倫理綱領」(2003年) と、保育研究に対応した「日本保育学会倫理綱領」(2007年)があり、それぞれにガイドブックが刊行されている。その後、2020年に保育士養成課程の教職員を対象とした「一般社団法人全国保育士養成協議会保育士養成倫理綱領」が採択され、翌年にはガイドブックが刊行された。そのため、保育者養成に関する倫理についての研究や実践は緒に就いたばかりであるといえる。

　そこで本章では、保育者養成における専門職倫理および倫理綱領に焦点をあて、アメリカとの比較によって日本における保育者養成倫理に関する課題を明らかにする。

1　専門職の価値、倫理、倫理綱領
——基本的な概念——

　専門職、特にヒューマンサービス領域の専門職は、それぞれの専門職としての知識、技術、そして価値・倫理 (あるいは原理・原則) を有する。このうち、専門職の価値とは、専門職活動の原理や基盤、諸活動を方向づける考え方なり信念であり、専門職倫理とは、価値を具体化するための約束事、専門職としての行動規範——責任や義務、正しい・望ましい行動——である。

　専門職は、個人的な価値観や倫理観を職務における判断の基準にするのではなく、前述した専門職としての価値や倫理を自覚する必要がある。なぜなら、

専門職の知識や技術は、悪用可能で、たとえば、保育者であれば子どもを保育者の都合でコントロールすることもできるし、個人的な価値観や感情で子どもと接し、子どもを傷つけることもあるからである[3]。

　さらに、専門職は、各専門職団体が採用する倫理綱領を遵守する必要がある。倫理綱領とは、各専門職団体の専門職の価値や倫理を明文化したものであり、その団体に所属する専門職者が遵守すべき規定である。専門職が倫理綱領を策定するのは、① 利用者や社会に当該専門職（専門職団体）の役割を示すため、② 当該専門職団体内で専門的倫理に関する共通理解を図るため、③ 当該専門職団体に所属する一人ひとりの専門職の不当な行為を規制するため、である[4]。

2　アメリカにおける保育者養成倫理綱領

　アメリカの保育者養成倫理綱領には、National Association for the Education of Young Children（全米乳幼児教育協会、以下、NAEYC）などが2004年に採択した Code of Ethical Conduct：Supplement for Early Childhood Adult Educators（以下、NAEYC 保育者養成倫理綱領）がある。

　この NAEYC 保育者養成倫理綱領は、NAEYC が策定した保育者のための倫 理 綱 領 で あ る　NAEYC Code of Ethical Conduct and Statement of Commitment（以下、NAEYC 倫理綱領）の補遺である。そのため、NAEYC 保育者養成倫理綱領は単独で使用されるのではなく、NAEYC 倫理綱領と併用することが求められる。NAEYC 倫理綱領の対象は、保育現場で勤務する保育者に加えて、子どもに直接関わらない専門職（保育施設の管理者、保育者養成校教員、保育施設を管轄する行政機関など）も含まれるのである。つまり、保育者養成教員は第一に、子ども、あるいは子どもの幸福に責任を有しており、その実現のために質の高い保育者を養成する責任を負うのである[5]。そのため、保育者養成教員も NAEYC 倫理綱領を保育者とともに共有することが求められるのである。

　NAEYC 倫理綱領と NAEYC 保育者養成倫理綱領は、いずれも前文、概念的枠組み、中核的価値および倫理的責任から構成される。NAEYC 倫理綱領において、保育者が有することが求められる中核的価値として示されるのは、

① 人間のライフサイクルの中で、ユニークで価値ある時期として、子ども期を正しく認識する、② 子どもはどのように発達し学習するかに関する知識を、我々の職務の基礎とする、③ 子どもと家族の絆を正しく認識し支援する、④ 子どもは、家族、文化、地域、社会の文脈の中で、最もよく理解され、支援されることを認識する、⑤ 一人ひとりの個人（子ども、家族成員、同僚）の尊厳、価値、独自性を尊重する、⑥ 子ども、家族成員、同僚の多様性を尊重する、⑦ 信頼と尊重を基盤とした関係を背景にして、子どもも大人もその可能性を最大に発揮することを認識する、の７つである。

　保育者養成教員は、これらの中核的価値を有することが求められ、さらに、保育者養成教員として以下の２つの独自の中核的価値を遵守することが求められる。

　　・乳幼児の発達と学習の支援に精通し必要な能力を有し、多様な保育に関わる職員の重大な役割に敬意を払うこと。
　　・乳幼児期の教育と発達、大人の発達と学習、その他の関連する分野の領域における最新で正しい知識をもとにした実践を基盤におくこと。

　これらを基盤として、NAEYC保育者養成倫理綱領では、保育者養成教員が担う倫理的責任が６つの領域で示されている。すなわち、① 学生、② 実習施設、③ 所属する保育者養成機関、④ 同僚、⑤ 子どもと家族、⑥ 地域社会・保育現場である。それぞれに模範的な専門職の行為を反映する原理（I）、そして必要とされる行為、禁止される行為、あるいは許可される行為を説明する原則（P）が列挙されている。①〜③は保育者養成教員に固有の倫理的責任であり、④〜⑥は保育者をはじめとする保育専門職の責任といえる[6]。

　以上のことから、NAEYC倫理綱領においては、保育者養成教員は「保育者」として捉えられ、保育者の専門職倫理を共有すること、すなわち保育者の有する倫理的責任を共有することが求められる。そして、繰り返しになるが、保育者養成教員はまず子どもに対する責任を有しており、それを土台として、保育者養成課程の過程の専門性の向上を第一の責任としているのである[7]。

3　日本における保育者養成倫理綱領

1　一般社団法人全国保育士養成協議会保育士養成倫理綱領の概要[8]

　日本における保育者養成倫理綱領は、2020年に一般社団法人全国保育士養成協議会の令和2年度総会で採択された「一般社団法人全国保育士養成協議会保育士養成倫理綱領」（以下、保育士養成倫理綱領）がある。この倫理綱領策定の背景は、「多様な専門領域の教職員から構成される指定保育士養成施設の特徴と実態、多様な指定保育士養成施設が存在することを踏まえて、国の法制度の整備や規制だけでなく、自律的な質の向上を進めるための基盤整備が必要と考えられたため[9]」とされている。そして策定にあたっては、保育士養成倫理綱領は、日本の保育者関連の倫理綱領に加えて、前述のNAEYC保育者養成倫理綱領やNAEYC倫理綱領も参考にして作成されている。

　保育士養成倫理綱領は、前文、価値、倫理的責任から構成されている。前文は以下のように示されているが、この倫理綱領が目指すことや倫理綱領の性格が記載されている。

　　　指定保育士養成施設の全ての教職員等（以下「教職員等」という）は、児童の最善の利益を保障できる保育士を養成するために最大限の努力をする。この倫理綱領は、教職員等が、自らの専門性を向上させ続けるための省察の指針を提供するものである。教職員等はこの倫理綱領を遵守し、かつ教職員等間で共有しながら保育士養成を行い、もって児童福祉の向上に寄与する。

　　　なお、この倫理綱領は、指定保育士養成施設の全ての教職員が遵守することを期待するものである。

　このように直接的には保育士養成校で学ぶ学生や養成教育を対象としながらも、養成教育を通じて、学生が将来的に関わる子どもの最善の利益を保障することを求めている。すなわち、質の高い保育士養成教育を通し子どもの幸せや育ちに貢献する考え方である。これは、一般社団法人全国保育士養成協議会定款や一般社団法人全国保育士養成協議会倫理規程に準じるとともに、NAEYC

保育者養成倫理綱領の考え方を参照している。[10]

　価値は、保育士養成校の教職員にとっての理念で、保育士養成校の教職員が職務を行う際の信念なり判断基準である。保育士養成校の教職員が共有する価値として、① 個人の尊厳、② 人間の成長、③ 貢献、④ 多様性の４つが示されている。

　価値の後には、倫理的責任が示されている。これは、価値を実現するための行動規範であり、教職員としての正しい・望ましい行動の指針である。[11] そのため、価値よりも具体的に行動レベルで記述されている。教職員が責任を有する対象は、① 学生、② 実習施設、③ 所属機関及び同僚、④ 児童と家族、社会及び保育現場、である。ここでは、例として養成校との連携が求められる②の実習施設への倫理的責任を以下に示す。

　　　Ⅱ－１　教職員等は、質の高い保育士養成を実現するために実習施設と連携・協働する。

　　　Ⅱ－２　教職員等は、保育実習の方針、内容、期間、実習指導の内容等について明確にし、実習施設と共有する。

　　　Ⅱ－３　教職員等は、保育実習の目的を達成するために施設長や実習指導者等と緊密に連携して学生の指導を行う。

　　　Ⅱ－４　教職員等は、一定の要件を満たした学生に実習の履修を認め、必要に応じて実習施設に対してその要件を説明する。

　　　Ⅱ－５　教職員等は、学生が実習に参加することが適切であると認められない場合、児童の最善の利益を保障するための必要な措置を講じる。

　　　Ⅱ－６　教職員等は、自身及び学生が実習を通して得られた実習施設に関する情報等の取り扱い及び安全管理を行う。

2　NAEYC 保育者養成倫理綱領との比較

　NAEYC 保育者倫理綱領の中核的価値、保育士養成倫理綱領の価値を比較する（表17-1参照）。前者は９つで後者は４つの価値が示され、抽象度が異なるが、両者で共通しているのは、子どもなどの関係者の尊厳の尊重、多様性の尊

180

重、成長への信頼と、専門性を高めることにある。つまり、保育士養成倫理綱領で示される4つの価値は、NAEYC保育者養成倫理綱領の中核的価値に含まれている。両者の違いは、**表17−1**の①〜③の価値に示されるように、NAEYC保育者養成倫理綱領は子どもの理解について触れている点である。これは保育者を含めた職務の価値であるために違いが表れていると思われる。

倫理的責任について、NAEYC保育者養成倫理綱領では、①学生、②実習施設、③所属する保育者養成機関、④同僚、⑤子どもと家族、⑥地域社会・保育現場の6つの領域で示されているのに対して、保育士養成倫理綱領では、①学生、②実習施設、③所属機関及び同僚、④児童と家族、社会及び保育現

表17−1　NAEYC保育者養成倫理綱領と保育士養成倫理綱領における価値の比較

NAEYC保育者養成倫理綱領	保育士養成倫理綱領
① 人間のライフサイクルの中で、ユニークで価値ある時期として、子ども期を正しく認識する。 ② 子どもはどのように発達し学習するかに関する知識を、我々の職務の基礎とする。 ③ 子どもと家族の絆を正しく認識し支援する。 ④ 子どもは、家族、文化、地域、社会の文脈の中で、最もよく理解され、支援されることを認識する。 ⑤ 一人ひとりの個人（子ども、家族成員、同僚）の**尊厳、価値、独自性を尊重**する。 ⑥ 子ども、家族成員、同僚の**多様性を尊重**する。 ⑦ 信頼と尊重を基盤とした関係を背景に、子どもも大人も**その可能性を最大に発揮することを認識**する。 ⑧ 乳幼児の発達と学習の支援に精通し必要な能力を有し、多様な保育に関わる職員の重大な役割に敬意を払うこと。 ⑨ 乳幼児期の教育と発達、大人の発達と学習、その他の関連する分野の領域における**最新で正しい知識をもとにした実践**を基盤におくこと。	① 個人の尊厳 　教職員等は、学生、保育士、同僚、そして児童とその保護者等を**かけがえのない存在として尊重**する。 ② 人間の成長 　教職員等は、学生、保育士、同僚、そして児童とその保護者等が**成長する可能性をもつ存在であると認識**する。 ③ 貢献 　教職員等は、**自らの専門性の向上に努め**、保育士養成に貢献する。 ④ 多様性 　教職員等は、学生、保育士、同僚、そして児童やその保護者等における**多様性を尊重**する。

（注）太字は、両倫理綱領で共通すると思われる箇所に筆者により記載したものである。
（出所）筆者作成。

場の４つの領域になっている。この点に関して、鶴らはNAEYC保育者養成
倫理綱領を参考にしたが６領域の中で記述に重複がみられるため、保育士養成
倫理綱領では、NAEYC保育者養成倫理綱領の③と④、⑤と⑥をまとめて４領
域にしたと解説している。[12]

　最後に、保育者の倫理綱領との関係であるが、アメリカでは前述したように
大前提に、保育者のための倫理綱領であるNAEYC倫理綱領があり、その補
遺としてNAEYC保育者養成倫理綱領が位置付けられている。つまり、両者
には連続性があり、保育者養成教員は保育者としても位置付けられるのであ
る。一方、日本では保育者のための倫理綱領として「全国保育士会倫理綱領」
があるが、採択しているのは全国保育士会や全国保育協議会で、保育者養成関
連の団体は採択していない。そのため、保育士養成倫理綱領策定の際には全国
保育士会倫理綱領を参考しつつも、両者に連続性を示すものはない。[13]

おわりに
——今後の課題——

　保育士養成倫理綱領に関する今後の課題として、鶴らは、① 保育士養成倫
理綱領の普及と活用のあり方、② 倫理問題や倫理的ジレンマに関する取り組
み、③ 保育士養成倫理綱領やハンドブックの改訂、④ 幼稚園教諭養成等との
兼ね合いを挙げている。[14]ここでは、③の倫理問題や倫理的ジレンマに関する取
り組みと、前節で取り上げた保育者の倫理綱領との関係について論じる。

　まず、倫理問題や倫理的ジレンマに関する取り組みであるが、この点につい
ては、「保育士養成倫理綱領を遵守する上での問題や困難を明らかにすること
や、複数の倫理的責任がぶつかり合うときの意思決定のあり方（倫理的意思決定
のモデル）等を、調査研究や事例収集を通じて明らかにすることが求められる」[15]
と指摘されているが、NAEYCの取り組みが参考となるだろう。NAEYCでは
すでにNAEYC倫理綱領のハンドブック[16]において、倫理的意思決定のモデル
を示しており、これを応用することが考えられる。

　次に、保育者養成の倫理綱領と保育者の倫理綱領との関係であるが、まずは
お互いの倫理綱領の理解が求められるだろう。特に、実習施設を含めた保育所

などの保育関係施設・機関に保育士養成倫理綱領の周知を図ることが必要である。アメリカのように、保育者養成教員を保育者として位置付けることは困難かもしれないが、少なくとも保育士養成倫理綱領と全国保育士会倫理綱領——さらに「全国児童養護施設協議会倫理綱領」や「乳児院倫理綱領」を含めてもよいかもしれない——との整合性をもたせることは必要であると思われる。

　こうした課題をクリアしていくことで、より質の高い保育者養成が可能になる。

付記
本章は、JSPS 科研費21K02333の成果である。

注

1）「全国保育士会倫理綱領」のガイドブックとして柏女霊峰監修、全国保育士会編『全国保育士会倫理綱領ガイドブック（改訂2版）』（全国社会福祉協議会、2018年）が、「日本保育学会倫理綱領」のガイドブックとして一般社団法人日本保育学会倫理綱領ガイドブック改訂委員会編『保育学研究倫理ガイドブック2023——子どもの幸せを願うすべての保育者と研究者のために——』（一般社団法人日本保育学会、2023年）がある。

2）小山隆「福祉専門職に求められる倫理とその明文化」『月刊福祉』86（11）、2003年、16頁。

3）鶴宏史「保育者の倫理」、矢藤誠慈郎・天野珠路編『保育者論』中央法規出版、2019年、14頁。

4）前掲注3）。

5）藤川いづみ「全米幼児教育協会の倫理規定に関する研究（2）保育者養成教員の倫理」『和泉短期大学研究紀要』27、2007年、109頁。

6）前掲注5）、110頁。

7）前掲注5）、117頁。

8）「一般社団法人全国保育士養成協議会保育士養成倫理綱領」の策定過程や概要に関しては、鶴宏史・上村麻郁・古賀琢也ほか「一般社団法人全国保育士養成協議会保育士養成倫理綱領策定の背景及びプロセス、倫理綱領の概要、今後の課題」『令和3年度保育士養成研究所報告書』（一般社団法人全国保育士成協議会保育士養成研究所、2022年、30〜39頁）でまとめられており、参考にした。

9）前掲注8）、31頁。

10）前掲注 8 ）、33頁。

11）一般社団法人全国保育士養成協議会「保育士養成倫理綱領ハンドブック」2021年、 6 頁（https://www.hoyokyo.or.jp/CodeofEthicsHandbook20210630.pdf、2022年10月 3 日閲覧）。

12）前掲注 8 ）、32頁。

13）前掲注 8 ）、32頁。

14）前掲注 8 ）、35-36頁。

15）前掲注 8 ）、36頁。

16）Feeney, S. and Freeman, N. K., *Ethics and the Early Childhood Educator: Using the NAEYC Code（Third Edition）*, Unietd States of America NAEYC, 2018.

第18章
インクルーシブ保育における保育士と
作業療法士との協働・協創の可能性

は じ め に

　先日、NHK の深夜の番組で竹内哲哉氏が解説をつとめる「障害者の権利に関する条約　国連勧告で問われる障害者施策」という番組を見る機会があった。その内容は、日本が2014年に批准した障がい者の権利を保障するための国際条約である「障害者の権利に関する条約」（以下、障害者権利条約）について、2022年8月22、23日にスイスのジュネーブにある国連の欧州本部で、日本政府が障害者権利条約に関し初めて審査を受けた結果について報じたものであった。審査の結果、同年、9月9日に国連の障害者権利委員会から日本政府に対しいくつかの勧告がなされ、その一つに障害者権利条約第24条の教育に関することもあった。日本の障がいがある子どもの教育システムについて、具体的には、特別支援教育に対し是正が求められていると報じていた[1]。また、その理由を、子どもの集団から「分離」した教育が特別支援教育で行われている現状に対する是正要求と分析しており、つまり、子どもの集団から障がいがある子どもたちが「排除」されていると考えることができる。

　保育において、障がいがある子どもの受け入れはどのように行われてきたのだろうか、簡単に概観しておく。障がいがある子どもの保育での受け入れも教育と同様に分離保育という形でスタートした。その後、ノーマライゼーションの考え方が広まり、統合保育へと展開し、現在では、インクルージョンの考え方を踏まえた、インクルーシブ保育の取り組みが始まっている。実際に、近年の実践報告、保育に関する研究を見てもインクルーシブ保育を取り上げて論文や実践報告を目にすることができる。小山は[2]、2007年から2017年の10年間の日本保育学会の学術誌『保育学研究』に掲載された論文を分析しており、ほぼ毎

年１〜２本の論文が掲載されており関心のあるテーマであるとしている。

　ちなみに、三木は、統合保育とインクルーシブ保育の違いを、「障がいがある子どもと障がいがない子どもを同じ場所で保育を行う点では、統合保育もインクルーシブ保育も同じに見えるが、統合保育では、障がいがある子どもと障がいがない子を２つに分けたうえで統合していくのに対し、インクルーシブ保育では、障がいの有無にかかわらず、また、多様な育ちがある子どもの集団を、違っていて当たり前として保育をしていくことである」と説明している。インクルーシブ保育においても、インクルーシブ教育と同様、障がいがある子どもを「分離」や「排除」をしないことをキーワードとして考えなければいけない。

　とはいえ、多様な育ちがある子どもの集団を、違っていて当たり前として保育をしていくことは簡単ではない。永野は、インクルーシブ保育の実現に向けて、「保育者の幅広い専門性の向上」、「『保育施設の理念や方針』と『インクルージョンの理念』の理解と共有の重要性」、「保育者を支援する仕組み作り」の３点が重要であるとしており、「保育者の幅広い専門性も向上」については、インクルージョンの理念の理解、障がいに関する知識、障がい児の療育の知識・技術、保育・幼児教育に関する知識と技術、ソーシャルワークの知識と技術が必要であると述べている。

　これからインクルーシブ保育が発展していくうえでは、今以上に療育に携わっている多くの専門職と保育士の連携も必要になっていくと考えることができ、そして、どのように保育士と連携していくのかも考える必要があると思われる。

1　保育士と作業療法士の協働の意義

　筆者は、過去に、作業療法士として療育センターで障がいのある子どもの療育に携わり、特に、自閉スペクトラム症（以下、ASD）等の発達障がい児に対し感覚統合療法を用いた作業療法を実践してきた。その後、大学教員として働くかたわら、K市において市が運営する児童発達支援事業において非常勤の作業療法士として勤務し、保育士と協働してきた。その折、作業療法士として設

定保育の時間に、保育でも用いられる遊びや活動を媒介として療育的な支援を行っており、保育との親和性を実感した。半面、ASD 等の発達障がい児の問題点の理解や支援の方法については、見る視点やかかわり方について、保育士、作業療法士それぞれに専門性があることを確認した。[8]

そこで、保育士との協働の可能性を探るために、児童発達支援事業において作業療法士が発案した活動（水遊び）が保育士にどのように捉えられているのか分析した。[9]水遊びに参加した子どもたちは、児童発達支援事業に通う、診断名はないが、発達の遅れ、行動面の問題、コミュニケーションの問題を持つ子どもであった。加えて、感覚の偏りを確認するため検査を行った結果、全体の６割に何らかの感覚の偏りがみられた。活動を設定するうえでは、感覚の偏りの有無や程度を最重要視した。

参加した全ての子どもに楽しんでもらうように、子ども達の感覚面の偏りに合わせた工夫として、通常の保育では用いない素材や設定も試みた。具体的には、通常使用するビニールプールを用いた水遊びやシャワー遊びに加え、泥遊び感覚で触覚体験ができる泡（シェービングフォーム）遊び（図18-1）や、よりスリルを楽しめるように泡滑り台（図18-2）も設定した。さらに、ビニールプールも複数準備し、まっさらな水道水でしか遊べない子ども用に専用のビニールプールも設置した。

子どもの遊び方はさまざまであり、感覚的に過敏さがある子どもは、慎重

図18-1　シェービングを用いた泡遊び
（出所）筆者撮影。

図18-2　グランドの土手を利用した
　　　　泡滑り台
（出所）筆者撮影。

に、用心深く遊ぶ姿が観察された。感覚的に鈍感な子どもは、積極的に、かつ大胆に遊ぶ姿が観察された。また、触覚は敏感でも、前庭覚が鈍感な子どももいたが、この子どもが困惑したのが泡滑り台遊びであった。この子どもの心の内を、泡滑り台遊びはしたいが、泡が体につくことは嫌だと推測した。そこで、まずボランティアの学生が子どもを抱っこして、子どもの体に泡がつかないようにして滑ると、その遊びを気に入り、学生と一緒に滑り台遊びを行った。次に、一計を案じ、学生に、まず足だけに泡がつくような遊び方を指示し、遊びを楽しめていれば、さらに足とおしりをつけて、身体に泡がつくような滑り方を指示し遊びを継続させた。はじめは泡が体につくと怪訝な顔をしたが、すぐに、水をかけて泡を洗い流せるようにすると安心し、また遊びに参加する姿が確認できた。最後には、泡が体につくことも気にせず、泡滑り台を1人で滑ることができるようになった。つまり大胆に遊びたい子どもは満足できるような遊びの設定で、逆に、苦手な感覚があっても、安心して、楽しく遊べるような設定で行うことで、大枠では同じ環境下で、感覚的に偏りがある子どもの遊びを行うことが可能であった。

　つまり、通常の保育で行う水遊びとは違う設定で、また、保育では用いない素材を使った活動を行うことで、多様な特性がある子どもを排除せずに一つの集団で遊び（活動）を行うことができた。だが、一緒に参加した保育士の思いはどうだったのか、活動後に感想を聞いてそれを分析した。分析の結果、保育士の思いの変化を以下の図18-3のように示すことができた。

　解釈として、作業療法士が考える遊びは、保育士の目には奇抜に映り、大丈夫なのかと驚きや疑問を持っていた。しかし、子どもの遊ぶ姿を観察する中で、子どもが楽しいと感じ、自分から積極的に遊ぼうとする姿は、保育士にとってもこれらの活動を肯定的に受け止め、子どもの発達につながるとその考えを容認し、実際の遊びの場面でも一緒に展開していくと変化していくことが分かった。そして、作業療法士との協働経験から得た知識を通常のクラスにも応用したい、つまり、自分の保育士としての考えを発展させたいとの思いもあることも分かった。

　水遊びの分析だけの結果ではあるが、感覚的に多様な特性を持つ子どもの集団に対し実施した活動では、子どもが楽しく参加でき、自らやってみようとす

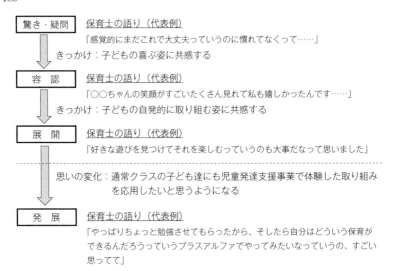

図18-3　保育士の認識の変容

（出所）筆者作成。

る気持ちを持つことにつながり、保育士の認識にも協働で行う意義があると
映ったと考えられる。「やってみようと思う」、「やりたいと思う」という子ど
もの気持ちを大切にしている姿は、保育士も作業療法士も同じ思いであり、作
業療法士が、多様な育ちがある子どもの集団への保育に貢献できる可能性はあ
ると考える。

　インクルーシブ保育実現に向けた対応として、永野は、「そもそも保育は、
保育者の思い通りに進めるのではなく、子どもの主体性を尊重することが大切
である。子どもの『できない』、『いうこと聞かない』には、子どもなりの理由
があり、それら子どもの声なき声に耳を傾けることも必要である。障がい児へ
の対応としても保育活動に積極的に参加できる工夫をする、保育環境を柔軟に
変えることなども視野に入れたい」と述べている。[10]

　療育を行っている他の専門職のかかわり方や遊ばせ方には、保育士にとって
なじみがない遊ばせ方やかかわり方もある。今回、提示した水遊びも保育士か
らみれば奇抜な部分もあったが、活動の主役である子どもの自ら挑戦し、楽し
む姿を共有することができれば、保育への取り入れも可能であると考えること

ができる。

2　保育士と作業療法士との協創の可能性

　では実際に、どのように保育に取り入れられているのか考えてみる。今回、保育士1名に対し、筆者と協働していた時に体験した作業療法や感覚統合療法について、自身の保育や考え方に影響があったのか調べるため2022年9月にインタビューを行った。インタビューを行ったA保育士は、児童発達支援事業で筆者と協働経験があり、また、K市の発達相談センターの勤務もある。現在は、筆者が県外に異動したため直接的に協働してはいないが、今回、こころよくインタビューを引き受けてくれた。また、A保育士には事前に質問事項を知らせており、メールでも意見を寄せてくれた。その回答も踏まえ、A保育士の語りを検討していくこととする。

　はじめに、A保育士に、「今、保育を行う上で、重要視していること」を聞いた。その返答は、「子どもが楽しいと思えるかどうかを基準に設定を考えます」であった。さらに、「子どもの発達支援を行う上で、重要視していること」を聞くと、「ちょっと頑張ればできそうなこと、やってみたいなと思えるような環境設定を考えます。子ども自身が能動的に動けるように仕向けます」との解答であった。これらの意見は、前節の保育士も感じていた内容と同様の考えと言え、感覚統合療法で重視している快反応（遊びを楽しむ）や内的欲求（自ら遊ぼうと思い行動する気持ち）に通じるものと言える。

　次に、「作業療法の考えや感覚統合療法の考えで、日々の業務を実施する上で活用できること」を具体的に挙げてもらった。A保育士からの回答を以下に枠で囲って示す。

①食事、製作など→机と椅子の高さのバランス、足を着いて作業できるか
②園庭遊び→滑り台を下から登らせたり、土手で身体を使って転がったりする
③散歩→わざとでこぼこの道を歩いたり、何かを見つけながら歩くなど

複数のことをさせる

④ お集まり→感覚を入れたい子どもへの対応（机の上に立つ、棚に立つ、足を触る、椅子を傾ける、椅子にゴムをはめる、練り消しを渡す、合法的に動かす）

⑤ 水遊び→無理強いすることなく、本人がやりたくなるまで待つ

⑥ 着替え→上着を着る、靴を履く、リュックを背負うなど一つ一つの動作を大切にする

⑦ お手伝い→布団敷きなど重い物を持って運んでもらう

⑧ お絵描き→ボディイメージを確認しながらパーツを作る

⑨ 制作→手についたのりは拭けるようにおしぼりを用意しておく、失敗しないハサミを使う、手順書やモデルを用意しわかりやすさを保証する

⑩ 砂遊び→トンネルの中で手を繋ぐ

⑪ 段ボールトンネル→狭いところでギュッとなる感覚を味わったり、ボディイメージが育つようにする

⑫ 環境→カームダウンスペースにビーズクッションやパーティションを用意する、切り替えを促す為に照明を消したり、タイマーやベルの音を鳴らしたりする

⑬ 避難訓練→事前予告をしたり、音が鳴らないような配慮をしたりする

⑭ 運動会→笛やスピーカーの音が不安材料になることを保育士に伝える

⑮ やり取り遊び→子どもが好きな圧迫刺激を行い、目があったら繰り返すなどし、要求を引き出す

⑯ 休憩→お茶タイムを作るなど意図的に休憩を作るようにする

（原文のまま記載）

と保育中のさまざまな場面で活用ができていることを紹介してくれた。子どもの感覚の偏りに配慮したかかわりだけでなく、模倣の力につなげる子どもの身体イメージ（ボディーイメージ）を強化する遊び方を工夫したりと幅広く活用できていることが確認できた。

　また、「今後、保育士として業務を行っていくうえで、作業療法の考え、感覚統合療法の考えが役に立つと思うか」との問いに対しても、「市の発達相談

センターや児童発達支援事業で保育園の巡回相談を行っているが、まだまだ感覚統合を知らない先生方も多い。そういう先生にちょっと、そういうエッセンスを伝えるだけで保育が変わることがある。そうすると子どもが変わっていく。先生方は知らないだけなんだと感じることが多い。子どもの気持ちの代弁者になり行動の意味や子どもの心のつぶやきを先生方や保護者に通訳するような役割を担う仕事にやり甲斐を感じています。スタンダードな保育士では無いかもしれませんが、こんな保育士がいてもいいかなと細々と感覚統合の素晴らしさの伝道師やらせてもらっています」と答えてくれた。

　以上の結果から、A保育士の実践において、作業療法の視点を取り入れているというより、感覚統合の考え方を取り入れ、自分の保育業務の中で広く活用していることが確認できた。つまり、作業療法士が行った感覚統合療法の視点が、保育士にとっても重要な視点になっていたと推測できる。A保育士自身も、感覚統合の研修会に参加しており、基礎知識を有していたことも関係あると思うが、保育士としての実践に感覚統合の視点が加わることで、より良い保育の実現につながると考えていると推測できる。作業療法士との協創の可能性を考えると作業療法のみではなく、保育士と共通認識できる発達理論を介して、協創が発展すると考える。

おわりに

　最後に、現行の福祉サービスにおいて作業療法士が、どのように保育と関われるのか検討していく。酒井は、現在の通所支援政策の中でも、児童支援事業、放課後等デイサービス等に比べ、保育所等訪問支援はインクルージョンの実現に向けたサービスに位置づけられていると説明している。[11] 具体的には、児童発達支援センターや児童発達支援事業に所属する作業療法士が、訪問支援員として、地域の保育所、幼稚園、認定こども園、学校等に出向き助言や指導を行うのである。近年、中堅からベテランの作業療法士の保育所等訪問支援へのかかわりが増えているとされている。

　しかし、残念なことに、障がいがある子どもの支援を行っている作業療法士の数は非常に少ない。2021年度の日本作業療法士協会の統計によれば、児童福

祉関連施設に勤務する作業療法士の数は、全体の2.2％、数にして977名にとどまっている[12]。主な内訳として、児童発達支援に371名、放課後等デイサービスに299名、保育所等訪問支援に43名が関わっている。子どもが地域の中で暮らす場所での支援を考えると、保育所等訪問支援を行う作業療法士数が増えていかないといけない。さらに、この統計によれば、幼稚園に勤務している作業療法士は3名いるが、保育所は0名であった。作業療法士の有資格者数は10万人を超えているが、日本作業療法士協会に所属している作業療法士の数は6.3万人程度であることを考えると、実数は、もう少し多くなるとは思われるが、作業療法士側のマンパワー不足は否めないといえる。

　多様な育ちがある子どもの集団に対する保育を考えた場合、発達の遅れや障がいにより、従来の保育にのりにくい子どもに対し、これらの子どもを分離・排除せずに保育を行って行くことはインクルーシブ保育の基本である。子どもの個々の特性を踏まえ、他の専門職のノウハウを取り入れ、自身の保育にアレンジを加えることで、発達の遅れや障がいがある子どもに対しても最善の保育の提供は可能であると考える。

　伊藤[13]は、熊本県保育協会の機関紙に、「保育士等の心」と題し寄稿文を寄せているが、その中で、「保育所職員は、各々の職務における専門性を認識するとともに、保育における子どもや保護者等とのかかわりのなかで、常に自己を省察し、次の保育に生かして行くことに努めている。保育の世界にあっては、こうした保育に携わる全ての保育職員を一つのまとまりのある集団（ワンチーム）として、『保育士等』と呼んでいる」と述べている。作業療法士が保育士との協働を行うときは、保育士自身の自己研鑽を邪魔することなく、保育士と同じ目的を持ち、心を一つにして取り組むことが必要である。ワンチームで取り組む先に、他の専門職の実践のノウハウや知識を取り込んだ協創が生まれ、ひいては、インクルーシブ保育の実践の充実につながっていくと考える。

　実践する作業療法士のマンパワーに課題が残っているが、今後も引き続き、インクルーシブ保育の充実に向けて、作業療法士が貢献できる可能性について検討していきたい。

付記

　本章は、熊本学園大学大学院社会福祉学研究科社会福祉学専攻博士後期課程の学位論文の一部を引用し、新たな知見を加え加筆したものである。

注

1）竹内哲哉「障害者権利条約　国連勧告で問われる障害者施策」NHK 解説委員室（https://www.nhk.or.jp/kaisetsu-blog/100/474044.html、2022年10月10日閲覧）。

2）小山望『インクルーシブ保育における園児の社会的相互作用と保育者の役割――障がいのある子どもとない子どもの友だちづくり――』福村出版、2018年、41-46頁。

3）三木美香「レッスン2　インクルーシブ保育とは」、名須川知子・大方美香監修、伊丹昌一編『はじめて学ぶ保育9　インクルーシブ保育論』ミネルヴァ書房、2017年、15頁。

4）永野典詞「インクルージョンと保育・幼児教育」、伊藤良高・宮﨑由紀子・香﨑智郁代ほか編『新版 保育・幼児教育のフロンティア』晃洋書房、2022年、93-94頁。

5）作業療法士とは、医療分野でリハビリテーションに従事する専門職。小児領域においては、主に、療育センター（障害児入所施設）に勤務し療育にたずさわってきたが、近年、福祉領域の児童発達支援事業や放課後等デイサービスなどに勤務する作業療法士も増えてきている。

6）DSM-5（アメリカ精神医学会『精神疾患の診断・統計マニュアル第5版』）では、ASD は、社会性コミュニケーションの障害、限定した興味と反復行動に加え、感覚の敏感さ、鈍感さ等の偏りの問題も取り上げられている。臨床場面では、ASD 以外にも感覚の偏りはみられ、感覚統合障害では感覚調整障害とされている。

7）感覚統合とは、米国の作業療法士 Ayers（1920～1988）により学習障害児の治療方法として研究され、日本でも作業療法士が ASD 等の発達障害児の治療、支援方法として実践しているが、保育、教育に携わる専門職にも実践が広がっている。

8）森本誠司「作業療法をもとにした遊びに対する児童デイサービスの保育士の認識」『作業療法』34（4）、2015年、426-436頁。

9）森本誠司「子どもの感覚特性を考慮した水遊びの実践――母親のアンケート結果をもとにした効果の検討――」『保育ソーシャルワーク学研究』2、2016年、79-93頁。

10）前掲注4）、95頁。

11）酒井康年「第Ⅲ部 保育所等訪問支援」、全国児童発達支援協議会監修『新版　障害児通所支援ハンドブック――児童発達支援　保育所等訪問支援　放課後等デイサービス――』エンパワメント研究所、2020年、78-80頁。

12）日本作業療法士協会「2021年度　日本作業療法士協会会員統計資料」『日本作業療法

士協会誌』127、2022年、22-37頁。

13）伊藤良高「（保育の盲点）保育士等の心、熊本県保育協会編『保育くまもと——ho＊ku＊ma——』10月号、2022年。

索　　引

《執筆者紹介》（執筆順、※は監修者、＊は編者）

※伊藤　良高　奥付参照 …………………………………………………………… 序　章
　大津　尚志　武庫川女子大学学校教育センター准教授 ……………………… 第1章
　冨江　英俊　関西学院大学教育学部教授 ……………………………………… 第2章
　荒井　英治郎　信州大学教職支援センター准教授 …………………………… 第3章
　橋本　一雄　桃山学院大学法学部准教授 ……………………………………… 第4章
　金戸　憲子　中九州短期大学幼児保育学科准教授 …………………………… 第5章
＊竹下　徹　編者略歴参照 ………………………………………………………… 第6章
　香﨑　智郁代　九州ルーテル学院大学人文学部教授 ………………………… 第7章
＊永野　典嗣　編者略歴参照 ……………………………………………………… 第8章
　宮崎　由紀子　中九州短期大学幼児保育学科教授 …………………………… 第9章
　秋月　克敏　龍ヶ岳保育園保育士 ……………………………………………… 第10章
　知識　伸哉　小さな森の保育園園長 …………………………………………… 第11章
　立花　直樹　関西学院短期大学准教授 ………………………………………… 第12章
　小口　将典　関西福祉科学大学社会福祉学部准教授 ………………………… 第13章
　吉田　祐一郎　四天王寺大学教育学部准教授 ………………………………… 第14章
　山本　佳代子　西南学院大学人間科学部教授 ………………………………… 第15章
　塩野谷　斉　鳥取大学地域学部教授 …………………………………………… 第16章
　鶴　宏史　武庫川女子大学教育学部教授 ……………………………………… 第17章
＊森本　誠司　編者略歴参照 ……………………………………………………… 第18章

《編者略歴》

森 本 誠 司（もりもと　せいじ）

　　2017年　熊本学園大学大学院社会福祉学研究科博士後期課程修了
　　現在　京都橘大学健康科学部作業療法学科准教授、博士（社会福祉学）
　　著書　『感覚統合 Q&A　改訂第 2 版──子どもの理解と援助のために──』（共著、協同医書出版
　　　　　社、2013）
　　　　　『障害児保育』（共著、晃洋書房、2018）
　　　　　『新版　保育・幼児教育のフロンティア』（共著、晃洋書房、2022）、他

竹 下　　徹（たけした　とおる）

　　2021年　熊本学園大学大学院社会福祉学研究科博士後期課程修了
　　現在　周南公立大学人間健康科学部准教授、博士（社会福祉学）
　　著書　『ソーシャルワークの基盤と専門職 I （基礎）』（共編、ミネルヴァ書房、2022）
　　　　　『ソーシャルワークの理論と方法 I （共通）』（共編、ミネルヴァ書房、2023）
　　　　　『改訂版　保育者・教師のフロンティア』（共著、晃洋書房、2023）、他

永 野 典 詞（ながの　てんじ）

　　2012年　熊本学園大学大学院社会福祉学研究科博士後期課程修了
　　現在　九州ルーテル学院大学人文学部教授、博士（社会福祉学）
　　著書　『改訂版　保育ソーシャルワークの世界──理論と実践──』（共著、晃洋書房、2018）
　　　　　『保育ソーシャルワークの内容と方法』（共編、晃洋書房、2018）
　　　　　『改訂新版　子ども家庭福祉のフロンティア』（共編、晃洋書房、2020）、他

《監修者略歴》

伊藤 良高 (いとう よしたか)

1985年　名古屋大学大学院教育学研究科博士後期課程単位等認定
現在　熊本学園大学社会福祉学部教授、熊本学園大学大学院社会福祉学研究
　　　科教授、桜山保育園理事長、博士（教育学）
著書　『保育制度改革と保育施設経営——保育所経営の理論と実践に関する
　　　研究——』（風間書房、2011）
　　　『増補版　幼児教育行政学』（晃洋書房、2018）
　　　『保育制度学』（晃洋書房、2022）、他

教育と福祉の展望

2024年5月30日　初版第1刷発行　　　＊定価はカバーに
　　　　　　　　　　　　　　　　　　　表示してあります

　　　　　　　　　　監修者　伊　藤　良　高Ⓒ

　　　　　　　　　　　　　　森　本　誠　司

　　　　　　　　　　編　者　竹　下　　　徹

　　　　　　　　　　　　　　永　野　典　詞

　　　　　　　　　　発行者　萩　原　淳　平

　　　　　　　　　　印刷者　藤　森　英　夫

　　　　　　発行所　株式会社　晃　洋　書　房

　　　　〒615-0026　京都市右京区西院北矢掛町7番地
　　　　　　　　　　電話　075(312)0788番(代)
　　　　　　　　　　振替口座　01040-6-32280

装丁　仲川里美(藤原印刷株式会社)　印刷・製本　亜細亜印刷㈱
ISBN 978-4-7710-3839-4

伊藤 良高・大津 尚志・香崎 智郁代・橋本 一雄 編
改訂版 保育者・教師のフロンティア
A 5 判 136頁
本体 1,760円 (税込)

伊藤 良高・宮崎由紀子・香崎智郁代・橋本一雄・岡田愛 編
新版 保育・幼児教育のフロンティア
A 5 判 190頁
本体 2,200円 (税込)

伊藤 良高 著
保　育　制　度　学
A 5 判 160頁
本体 1,980円 (税込)

中谷 奈津子 編著
保育所等における子ども家庭支援の展開
──生活困難を支える園実践の質的分析──
A 5 判 306頁
本体 4,620円 (税込)

新川 泰弘・渡邊 慶一・山川 宏和 編著
施設実習必携ハンドブック
──おさえたいポイントと使える専門用語解説──
A 5 判 152頁
本体 1,980円 (税込)

石田 光規 編著
「ふつう」の子育てがしんどい
──「子育て」を「孤育て」にしない社会へ──
四六判 202頁
本体 2,530円 (税込)

深川 光耀 著
私 発 協 働 の ま ち づ く り
──私からはじまる子どもを育む地域活動──
A 5 判 264頁
本体 3,740円 (税込)

中谷 彪 著
学ぶ権利と学習する権利
──人格主義の国民教育権論──
四六判 186頁
本体 2,640円 (税込)

デビッド・B.タイアック 著／中谷 彪・岡田 愛 訳
ア メ リ カ 都 市 教 育 史
──The One Best System──
A 5 判 408頁
本体 6,380円 (税込)

大津 尚志 著
フランスの道徳・市民教育
A 5 判 128頁
本体 1,980円 (税込)

晃 洋 書 房